AF274282

Tratando...

trastorno límite
de la personalidad

María F. Rabito Alcón
José I. Baile Ayensa

Tratando...

trastorno límite
de la personalidad

EDICIONES PIRÁMIDE

RECURSOS TERAPÉUTICOS

Directora:
Aurora Gavino
Catedrática de Psicología
Universidad de Málaga

Diseño de cubierta: Anaí Miguel

Reservados todos los derechos. El contenido de esta obra está protegido por la Ley, que establece penas de prisión y/o multas, además de las correspondientes indemnizaciones por daños y perjuicios, para quienes reprodujeren, plagiaren, distribuyeren o comunicaren públicamente, en todo o en parte, una obra literaria, artística o científica, o su transformación, interpretación o ejecución artística fijada en cualquier tipo de soporte o comunicada a través de cualquier otro medio, sin la preceptiva autorización.

Ediciones Pirámide se compromete con el medio ambiente reduciendo la huella de carbono de sus libros.

PAPEL DE FIBRA
CERTIFICADA

© María F. Rabito Alcón
   José I. Baile Ayensa
© Ediciones Pirámide (Grupo Anaya, S. A.), 2025
Valentín Beato, 21. 28037 Madrid
Teléfono: 91 393 89 89
www.edicionespiramide.es
Depósito legal: M. 27.455-2024
ISBN: 978-84-368-5057-4
Printed in Spain

Bis vincit qui se vincit in victoria.

Publilio Siro, *Anales,* siglo I a. C.

A Regli, por ser tan madre, todo lo mejor de mí lo aprendí de ti.

María Frenzi Rabito Alcón

Agradecimientos

A Anabel González, gracias por leer el libro, por tu *feedback* y tu apoyo. Muchas gracias por escribir el prólogo.

A Rodrigo Puente, gracias por compartir tus ideas y experiencia.

Para todas y todos nuestros pacientes con este diagnóstico, por vuestra confianza y por enseñarnos tantas lecciones importantes.

Índice

Segunda parte
Relación de situaciones en el proceso de intervención psicológica
en el trastorno de personalidad límite

Prólogo

Hace un tiempo se decía que los trastornos de personalidad no eran tratables, que no mejoraban y que no se beneficiaban de los tratamientos. Yo creo que estas patologías tienen la virtud de que hacen tambalear los modelos que tenemos y nos obligan a buscar soluciones para algo que es inevitable cuando nuestro objetivo de trabajo es la mente y el comportamiento humano: el manejo de la complejidad y la contradicción. Alessandro Talia señalaba recientemente en un curso algo que creo muy cierto: los abordajes generales están pensados para pacientes con apego seguro y, por tanto, para personas con una buena capacidad reflexiva. Por ello, muchos modelos han tenido que hacer desarrollos específicos para los pacientes con trastorno de personalidad, y se han elaborado también modelos completamente nuevos, pensados para el trabajo específico con estos pacientes. Sin embargo, todas estas propuestas pueden resultar a veces difíciles de integrar.

Este libro es un recorrido simple por este tema complejo, en el que muchas veces los terapeutas nos vemos perdidos entre los múltiples abordajes y propuestas terapéuticas para trabajar en los trastornos de personalidad. En ocasiones es también complicado aterrizar en la práctica clínica todos estos modelos, que tienen puntos en común, pero también diferencias significativas. Este libro hace un recorrido por estos modelos, recogiendo los elementos centrales, pero describiendo después viñetas muy reales y concretas de lo que nos encontramos durante la terapia de estos pacientes. Obviamente, habría mucho más en lo que profundizar, pero el objetivo de este texto es dar una panorámica, y nos dibuja muy bien ese cuadro global del tratamiento del trastorno límite de la personalidad.

Puede ser un texto interesante para empezar con una visión global, pero a la vez enormemente práctica y cercana a la realidad de las sesiones de terapia con las personas con trastorno límite de la personalidad.

Anabel González Vázquez

1

Introducción

Las personas piensan, sienten y se comportan de forma diferente, como es evidente, pero la mayoría lo hacen dentro de unos parámetros que el resto consideran normales, pues actúan como se espera de ellos en determinadas circunstancias. Cuando una persona se aleja de dicho patrón esperable, y su comportamiento, sus emociones y su experiencia de sí mismo se vuelven extraños para los demás, y además lo hace de forma estable y singular, podemos estar ante un trastorno de la personalidad.

La personalidad es un constructo complejo que nos permite dotar a las personas de unidad, de ser seres coherentes y que interactúan con los demás de forma predecible y lógica. Cuando una persona manifiesta un trastorno de la personalidad, su personalidad se vuelve «extraña» y poco predecible, y genera en los demás confusión y extrañeza, por lo cual las relaciones interpersonales pueden dificultarse enormemente.

Los trastornos de la personalidad se manifiestan por: alteraciones en la *cognición*, referidas a cómo una persona se percibe o interpreta a sí misma, a los demás o a los acontecimientos; alteraciones en la *afectividad,* con relación a la intensidad, la labilidad y la adecuación de la respuesta al momento; y alteraciones en el *funcionamiento interpersonal* y en el *control de los impulsos.*

Dentro de los trastornos de la personalidad, uno de los más prevalentes (Mirapeix et al., 2017) es el trastorno límite de la personalidad (TLP), al que dedicamos este libro y del cual veremos más adelante sus características singulares. Recordemos que el origen de la clasificación de este trastorno se remonta a comienzos del siglo XX y a las aportaciones del psicoanálisis, en un intento de ubicar a pacientes que se encontraban en el límite entre una psicosis y una neurosis. De ahí el otro nombre con el que se conoce a este trastorno, *trastorno borderline.*

Los pacientes con TLP son un reto para el clínico, pues en muchos casos dicho trastorno se ha enquistado en el funcionamiento habitual de la persona, asumiendo que sus síntomas son «características singulares y asumibles de su personalidad», de tal forma que ni la persona afectada ni sus allegados se suelen plantear el solicitar ayuda profesional, y cuando la solicitan no entienden bien el enfoque del tratamiento, que supone cambiar ciertas formas de funcionamiento que hasta ahora se habían asumido como «normales».

El reto continúa para el profesional en el diagnóstico, pues los trastornos de personalidad son un grupo de trastornos en continua revisión teórica y clasificatoria. En la actualidad se debate, entre los académicos y profesionales, si realmente existe un TLP como tal, o es una manifestación de determinada intensidad de un supuesto único posible trastorno de la personalidad, donde quedarían englobados, en una única dimensión, todos los trastornos de la personalidad hasta ahora diferenciados categóricamente (Fernández-Guerrero, 2017).

La evaluación y el tratamiento son complejos, y reclaman al profesional de la psicología que despliegue todas sus habilidades terapéuticas en un tratamiento complejo, que requiere en muchos casos convencer al paciente de su necesidad y que normalmente involucra a las personas del entorno (en muchos casos descontentas con el funcionamiento del paciente), con la misión de afrontar un trastorno que puede mejorar en muchos aspectos, pero que en otros se cronifica, debiendo saber integrar dicha sintomatología en una vida equilibrada.

Dado el anterior panorama, resultan necesarios libros de ayuda para los terapeutas, y ese es el objetivo de este manual de la colección *Tratando...,* ofrecer una información básica sobre el trastorno, para posteriormente ofrecer soluciones a decenas de situaciones complejas de la intervención con pacientes con TLP.

Algunas consideraciones a tener en cuenta en la lectura de este libro son las siguientes. Los autores sitúan el enfoque general de intervención dentro de la terapia cognitivo-conductual, pero aceptando aportaciones etiológicas y de intervención de otros modelos terapéuticos que han mostrado ser útiles en el tratamiento de este trastorno, según la literatura científica o la práctica clínica. Los autores optan por los términos *terapeuta,* como profesional que trata los trastornos de orden psicológico, por resultar inclusivo y abarcar a los profesionales tanto de la psicología como de la psiquiatría, así como *paciente,* en lugar de cliente, vocablo usual en otros textos, por considerar que es el término más habitual en textos de psicología clínica en España.

Primera parte

Definición, evaluación y tratamientos del trastorno límite de la personalidad

2

Definición y evaluación del trastorno límite de la personalidad

1. DEFINICIÓN DEL TRASTORNO LÍMITE DE LA PERSONALIDAD

El trastorno límite de la personalidad (TLP), también llamado históricamente trastorno *borderline,* se caracteriza por un patrón generalizado de inestabilidad en las relaciones interpersonales, la autoimagen, el afecto y una marcada impulsividad. Esta sintomatología, que es habitual en otros trastornos, como en el trastorno bipolar (por ello es tan importante hacer un buen diagnóstico diferencial), en el TLP es definitoria y no se presenta de forma temporal o anecdótica. Los síntomas se manifiestan de una forma muy variable, siendo habitual que los pacientes sean mal diagnosticados y que se infravalore su prevalencia. Los criterios de diagnóstico según el Manual diagnóstico y estadístico de los trastornos mentales (DSM-5) pueden verse en el recurso 1 del capítulo 11 de este libro, junto a otros materiales complementarios.

El TLP comienza habitualmente en la edad adulta temprana y es uno de los trastornos de la personalidad más prevalentes (Johnson et al., 2008). Aunque se asume que la sintomatología TLP empieza a manifestarse desde la adolescencia temprana, existe cierta reticencia entre la comunidad científica y profesional para diagnosticar TLP en adolescentes, porque algunos de los síntomas podrían ser manifestaciones normales del período adolescente y ser por tanto temporales, por lo cual se desaconseja su diagnóstico en menores de 16 años (*Guía de práctica clínica sobre trastorno límite de la personalidad,* 2011).

El TLP se ubica dentro de los trastornos de la personalidad, los cuales son definidos como «problemas en el funcionamiento de algunos aspectos del yo, o algún tipo de disfunción interpersonal, que han persistido durante un período prolongado. La alteración se manifiesta en patrones de cognición, experiencia y expresión emocionales y comportamiento que son inadaptados, y se manifiesta en una variedad de situaciones personales y sociales. Los patrones de comportamiento que caracterizan la alteración no son apropiados para el desarrollo y no pueden explicarse principalmente por factores sociales o culturales, incluido el conflicto sociopolítico. La alteración está asociada con un malestar considerable o un deterioro significativo a nivel personal, familiar, social, educativo, ocupacional o en otras áreas importantes de funcionamiento» (OMS, 2019). En el DSM-5 (American Psychiatric Association [APA], 2013) se agrupan los diferentes tipos de trastornos de la personalidad en tres categorías o clústeres:

— Clúster A: trastornos paranoide, esquizoide y esquizotípico.
— Clúster B: trastornos narcisista, histriónico, límite y antisocial.
— Clúster C: trastornos evitativo, dependiente y obsesivo-compulsivo.

Es común que los pacientes con TLP presenten comorbilidad con trastornos de tipo depresivo o ansioso. También es habitual que las personas con TLP hayan sufrido una o diversas situaciones traumáticas que pueden llegar a desembocar en un trastorno por estrés postraumático comórbido. El abuso de sustancias o algún tipo de trastorno de la conducta alimentaria suelen aparecer entre los trastornos paralelos al TLP. Incluso es posible la presencia de otro trastorno de la personalidad, complicando el diagnóstico y el tratamiento.

Los pacientes con TLP se caracterizan por ser muy demandantes de atención sanitaria y/o psicológica, por una elevada alteración del funcionamiento psicosocial y, a veces, por una sintomatología de alto riesgo para la salud, como la presencia de autolesiones o riesgo de suicidio.

2. Sintomatología habitual en el trastorno límite de la personalidad

Siguiendo los criterios DSM (APA, 2013), los síntomas definitorios del TLP son los siguientes, aunque no es necesario que estén todos presentes para el diagnóstico:

— Esfuerzos intensos para evitar un abandono real o imaginado, manifestados por reacciones exageradas en la cognición, el afecto, la autoimagen o el comportamiento.
— Patrón de relaciones inestables e intensas. Por ejemplo, las personas con TLP pueden pasar rápidamente y sin fundamento de la idealización al odio de una persona.
— Alteración de la identidad, que se puede manifestar mediante una autoimagen o un sentido de sí mismo inestables de una forma acusada y persistente.

— Impulsividad en al menos dos ámbitos de su vida. Por ejemplo, puede manifestar falta de control en el consumo de sustancias, en el juego o en las prácticas sexuales.

— Riesgo de suicidio y/o comportamientos autodestructivos, como autolesiones.

— Inestabilidad afectiva, que puede manifestarse por una alta reactividad del estado de ánimo, apareciendo episodios de intensa disforia, irritabilidad o ansiedad, con duración variable.

— Sentimientos crónicos de vacío y experiencia constante de aburrimiento.

— Expresar de manera inapropiada e intensa la ira, así como dificultad para controlarla.

— Ideación paranoide transitoria o síntomas disociativos (por ejemplo, despersonalización) en los períodos de estrés intenso.

Como indican Mosquera y González (2014), cada uno de estos criterios hay que entenderlos con base en la historia del sujeto, ya que las situaciones traumáticas sufridas en su infancia, y sobre todo el apego que se ha desarrollado con sus principales cuidadores, tienen una influencia notable en la sintomatología del TLP.

3. LAS DEFENSAS EN PERSONAS CON TRASTORNO LÍMITE DE LA PERSONALIDAD

Cuando una persona sufre experiencias traumáticas en la infancia, como es frecuente en personas con TLP, puede presentar una serie de automatismos inconscientes que sirven como defensas o como formas de protección, que a corto plazo suelen ser muy eficaces, pero que a medio o a largo plazo suelen interferir acusadamente en la calidad de vida de las personas con TLP. Estas defensas, si se dan, hay que tenerlas en cuenta desde el inicio del tratamiento para no sobrepasar la ventana de tolerancia del paciente durante la intervención.

A continuación se describen algunas de las defensas más frecuentes que se pueden encontrar en las personas con TLP (Mosquera, 2013, 2019; Mosquera y González, 2014):

— Complacencia: cuando no se tolera el conflicto, una forma de evitarlo es teniendo a todo el mundo contento. Como esto es imposible, al final produce una sobrecarga que, a veces, lleva a la persona justo a lo contrario de lo que se proponía, que era evitar entrar en conflicto, lo que su vez genera malestar personal y resquemor hacia los demás por no atender sus necesidades.

— Idealización: la idealización es un mecanismo de defensa que consiste en modificar o adornar un hecho con ideas más convenientes para la persona, inspiradas en un ideal de perfección, para así no sufrir. A menudo la realidad no nos convence, nos lastima, nos hace vulnerables e incluso nos angustia, llegando los sujetos con TLP a idealizarse ellos mismos cuando hay rasgos narcisistas, o idealizar a las personas de alrededor (por ejemplo a sus figuras de apego), aunque ello les lleve inevitablemente a la decepción.

— Proyección: esta defensa permite separarse de una emoción propia escasamente tolerada, de tal forma que acaba proyectándose en los demás. Puede ocurrir que el paciente con TLP esté enfadado pero no se dé cuenta de ello, y que por sentirse y actuar así acabe generando una disputa con alguien, pero sin darse cuenta, y termine sintiendo que esa persona se enfadó con él o con ella sin ningún motivo.

— Evitación: es un mecanismo que puede manifestarse de muchas maneras, por ejemplo cambiando el foco de atención de un tema a otro o minimizando el impacto de algún suceso. Cuando un paciente con TLP evita una situación que le perturba, ello le genera un alivio inmediato a corto plazo, pero a largo plazo únicamente consigue que el malestar asociado a dicha situación vaya incrementándose.

— Inconformismo: a veces el paciente con TLP le ve inconvenientes a todo como forma de protegerse ante el miedo al fracaso, al cambio o a dejarse ayudar a conectar con sus problemas de vinculación. El poner peros con frecuencia a las cosas sirve para protegerse del riesgo que supone intentar algún tipo de cambio en la vida, aun sabiendo que dicho cambio pueda ayudar a mejorarla.

— Hiperexigencia: esta defensa funciona bajo la idea de que nada es lo suficientemente bueno. Muchas veces esto se ve reflejado en terapia en la falta de decisión que les protege de no fallar, ya que si no deciden difícilmente pueden tomar malas decisiones.

— Racionalización: se da en personas que están muy desconectadas de su cuerpo y que no llegan a una verdadera toma de conciencia, al quedarse solo en un análisis de las cosas a nivel cognitivo.

— Autocrítica: criticarse a uno mismo en ocasiones puede servir como forma de protegerse, por ejemplo, de la crítica de otras personas, que es una de las cosas que más miedo le da al paciente con TLP.

— Tendencia a la ensoñación o a la fantasía: es un mecanismo muy frecuente en personas con TLP que consiste en poner la fe en algo o alguien como forma de solucionar todos sus problemas. A veces ese algo es muy arbitrario y de escaso impacto, como adquirir un objeto; de hecho, en muchas ocasiones cuando lo adquieren ello les genera una desilusión tremenda, al comprobar que ello no les ha servido como fuente de solución de todos los problemas de su vida. Por otro lado, la no consecución de lo que se espera que arregle toda su vida genera tal miedo y malestar que en ocasiones puede desencadenar un episodio de crisis.

4. LA DISOCIACIÓN EN EL TRASTORNO LÍMITE DE LA PERSONALIDAD

Cuando se trabaja con pacientes en los que el trauma está presente hay que tener en cuenta que siempre es necesario evaluar la disociación. Podemos encontrar autores que explican el fenómeno disociativo como un continuo que va de no patológico hasta el trastorno de identidad disociativo. Sin embargo, en este apartado nos vamos a referir a la disociación patológica. Podemos entender la disociación como un concepto complejo, un mecanismo que suele empezar en la infancia, pero que se queda automatizado de tal manera que en algún momento de la vida de los pacientes se dispara. La disociación la podríamos entender, por tanto, como una ruptura de procesos psicológicos que normalmente van integrados, como la conciencia, la memoria, la identidad, la percepción y el control motor, o bien como un proceso integrativo que no se llegó a dar. Estas respuestas disociativas se generan en respuesta a las experiencias traumáticas no resueltas, como sistemas de protección que se van convirtiendo en patrones de respuesta (González, 2010). Cuando ocurren situaciones traumáticas que sobrepasan la ventana de tolerancia del paciente, estas pueden quedarse de alguna manera cristalizadas, permaneciendo en la conciencia como si no hubiera pasado el tiempo. En pacientes con TLP es frecuente encontrar que su identidad y conciencia estén alteradas en un grado variable, o incluso encontrar amnesia en determinados períodos de su vida, entre otros síntomas disociativos. Por otro lado, el apego temprano desorganizado se considera esencial en el desarrollo de los trastornos disociativos. Un niño que fue rechazado o no reconocido por sus figuras de apego, una vez llegado a adulto puede reproducir el mismo sentimiento. En casos más graves, puede haber partes de la personalidad que se disocien, afectando de diversos modos al funcionamiento mental (Mosquera et al., 2011).

A lo largo de la segunda parte de este libro se irán indicando distintas situaciones que se pueden dar, relacionadas con síntomas disociativos en pacientes con TLP, así como algunas pautas acerca de cómo manejarlas.

5. EVALUACIÓN Y DIAGNÓSTICO DEL TRASTORNO LÍMITE DE LA PERSONALIDAD

Como en todo trastorno complejo, es recomendable realizar una evaluación multimodal por especialistas clínicos, que llegue a diferentes ámbitos y proporcione la máxima información posible para realizar el diagnóstico y el análisis funcional del caso, permitiendo establecer un plan de trabajo útil para el caso.

La evaluación del paciente con TLP requiere estudiar las diferentes manifestaciones experienciales y comportamentales, así como los rasgos de la personalidad, dilucidando si se apartan de lo que culturalmente se espera como normal, y si dichas anormalidades no se deben a alguna justificación puntual, siendo estables en la personalidad del paciente. Para comprobar esta estabilidad a veces es necesario repetir las estrategias de evaluación pasado un tiempo. El clínico que evalúa también se encontrará con la dificultad de encontrar colaboración por parte del paciente para identificar como patológicos algunos síntomas/signos que para el paciente son totalmente normales y asumibles.

En la tabla 1.1 pueden verse algunas recomendaciones, con buen sustento, para realizar la evaluación en TLP, según la experiencia clínica.

TABLA 1.1

Recomendaciones de evaluación en TLP (Guía de práctica clínica sobre trastorno límite de la personalidad, 2011)

1.	Se recomienda utilizar instrumentos de medida para conseguir el diagnóstico fiable de los trastornos de la personalidad, ya que se dispone de entrevistas y cuestionarios con buenas propiedades psicométricas y utilidad clínica.
2.	Se recomienda utilizar entrevistas semiestructuradas, basadas en la taxonomía psiquiátrica del DSM, para realizar el diagnóstico de los trastornos de la personalidad, ya que actualmente son el estándar de referencia. No parece haber ventajas apreciables de unas entrevistas sobre otras en cuanto a su calidad.
3.	Se recomienda, para agilizar el tiempo destinado a la exploración diagnóstica, la utilización, en primer lugar, de un inventario autoadministrado para identificar qué aspectos deben ser explorados más exhaustivamente en la entrevista.

ENTREVISTAS

Para la evaluación del TLP la primera estrategia que puede emplearse, como en otros muchos trastornos, es la entrevista. Puede ser una entrevista general clínica que el profesional venga utilizando según su experiencia, estructurada o semiestructurada, como las que existen para explorar los criterios diagnósticos del DSM o la CIE, entrevistas que permiten hacer una evaluación, así como llegar a un diagnóstico. Algunas de ellas son (Esbec y Echeburúa, 2014):

— La entrevista diagnóstica para los trastornos de la personalidad del DSM-IV (DIPD-IV; Zanarini et al., 1996).
— El examen internacional de los trastornos de la personalidad (IPDE; Loranger et al., 1994).
— Entrevista clínica estructurada para el DSM-IV-eje II (SCID-II; First, 1997).

También existen entrevistas específicas para el TLP, como la Entrevista diagnóstica para el trastorno límite-revisada (DIB-R; Zanarini et al., 2013).

TESTS Y CUESTIONARIOS

Existen pocos instrumentos específicos elaborados para el TLP. Por ello se recurre a cuestionarios clásicos de trastornos de la personalidad, aunque su utilidad puede ser muy limitada, por ejemplo:

— Cuestionario clínico multiaxial de Millon-III (MCMI-III; Millon et al., 1994).
— Escalas de trastorno de la personalidad del MMPI 2 (MMPI 2-PD; Colligan et al., 1994).

Entre los instrumentos específicos podemos citar el McLean Cuestionario de Screening para el TLP (MSI-BPD), del que hay una adaptación a población española realizada por Soler (2016). Se trata de un cuestionario de autoinforme de 10 ítems que puede detectar la presencia de TLP de forma fiable y rápida. A modo de ejemplo se indican tres ítems de este cuestionario (Soler et al., 2016):

— ¿Alguna de tus relaciones personales más cercanas se ha visto en problemas debido a múltiples discusiones o rupturas frecuentes?
— ¿Has tratado intencionadamente de hacerte daño físico (quemarte, cortarte, pegarte)? ¿Has realizado alguna tentativa de suicidio?
— ¿Has tenido al menos dos de los siguientes problemas de impulsividad?: atracones frecuentes, gastos desproporcionados, abuso de alcohol o episodios de agresividad verbal.

Como se ha comentado en apartados anteriores, es importante siempre evaluar la disociación cuando estamos ante trastornos que pueden tener una base traumática, como puede ser el caso del TLP. Hay distintos instrumentos que pueden servir para evaluar la sintomatología disociativa, citándose a continuación algunos de los más usados por los autores de este libro:

— Escala de experiencias disociativas II (DES II; Bernstein y Putnam, 1986; Carlson y Putnam, 1993). La adaptación del DES II al castellano fue realizada por Icarán et al. (1996a, b).
— Cuestionario de disociación somatoforme (SDQ-20; Nijenhuis et al., 1996, 1998).
— Inventario de Distanciamiento y Compartimentación (DCI; Butler et al., 2019). La versión al castellano fue validada por Perona-Garcelán et al., 2021. Este cuestionario está disponible en el recurso 2 del capítulo 11 de este libro.

3

Etiología y tratamientos para intervenir en el trastorno límite de la personalidad

1. ETIOLOGÍA DEL TRASTORNO LÍMITE DE LA PERSONALIDAD

¿Por qué una persona llega a tener un trastorno límite de personalidad? La respuesta a esta pregunta no es única, y de hecho, como en la mayoría de los trastornos de orden psicológico, no se conoce. Tampoco se conoce cómo se relacionan las diferentes posibles causas. Como en otros trastornos, se estima que hay una interacción de forma compleja de diferentes fuentes etiológicas, como las siguientes:

— *Tendencia genética.* Aunque hay cierta discrepancia en los estudios de gemelos, se ha comprobado que si un hermano gemelo sufre TLP el otro tiene alta probabilidad de sufrirlo también, lo cual demuestra que existe cierta heredabilidad del TLP (hay estudios que la sitúan entre un 40% y un 60%) (Mirapeix et al., 2017), aunque se estima que esta posible tendencia innata, probablemente genética, sea de ciertos rasgos de personalidad o tendencias comportamentales y no tanto del trastorno como tal. Así, los estudios de agregación familiar sugieren que la heredabilidad puede ser más fuerte para determinadas dimensiones, como la impulsividad y la inestabilidad afectiva, más que para los criterios diagnósticos del TLP en sí mismos (Frías, 2022).

— *Alteraciones neurobiológicas.* La habitual impulsividad o descontrol de la ira presente en el TLP sugiere la existencia de algún déficit a nivel de los neurotransmisores implicados en su manifestación, como es el caso de las vías serotoninérgicas. ¿Son estas deficiencias innatas, adquiridas, consecuencias del propio trastorno...? Desconocemos la respuesta. Por otro lado, se ha descrito un déficit a nivel y estructural de ciertas áreas cerebrales implicadas en la regulación del afecto, la atención, el autocontrol y la función ejecutiva, como la amígdala, el hipocampo y las regiones orbitofrontales, sin que podamos establecer cuál es el origen de las mismas (Díaz-Marsá et al., 2011, 2012; Quattrini et al., 2019).

— *Factores psicosociales*. Se han identificado diferentes factores psicosociales implicados en la aparición del TLP. Entre ellos:

- Estilos parentales disfuncionales o inconsistentes. Pueden consistir en arbitrariedad en los criterios en los que los padres del paciente con TLP mostraban afecto y/o disciplina-castigos cuando era menor, o en una discrepancia en el estilo parental mostrado entre ambos padres (Frías, 2022). Por otro lado, en diferentes estudios se ha podido constatar cómo la sobreprotección y la invalidación actúan como factores de riesgo para el TLP (Frías, 2018, 2022).
- Ambientes familiares desestructurados en los que los padres han tenido una mala relación, obligando en cierta manera a posicionarse por algún progenitor, lo que generó en el paciente un conflicto de lealtades o provocó una inversión de roles (Frías, 2018, 2022).
- Presencia entre los familiares del paciente de antecedentes de trastornos del estado de ánimo o abuso en el consumo de sustancias.
- Experiencias previas de abusos (físicos, sexuales, emocionales) y/o negligencia (Mirapeix et al., 2017).
- Relaciones de apego temprano disfuncionales o disrupciones de apego. Diversos estudios han ido demostrando que la negligencia por parte de los progenitores, o el fallo biparental y la ausencia de figuras de apego sustitutivas, fueron factores traumatizantes implicados en el desarrollo del TLP (Mirapeix et al., 2017; Mosquera y González, 2014; Sabo, 1997; Zweig-Frank et al., 1991). De hecho, es frecuente encontrar como forma de explicar la psicopatología del TLP que las experiencias tempranas con el cuidador sirven para organizar las relaciones adultas de apego. Por otro lado, las respuestas inconsistentes en los padres es otro factor que se puede asociar al origen del TLP. Esta inconsistencia activa en el niño distintas respuestas, a veces contrapuestas (de acercamiento y de protección), generando un estado de indefensión prolongado que se asocia a un estilo de apego desorganizado, estilo de apego que en muchas ocasiones se refleja en pacientes con TLP. Además, cuando los padres han invalidado de manera constante al menor, también se genera un efecto que se relaciona con los síntomas del TLP. Esta invalidación constante repercute en el menor, mermando su capacidad para saber

reconocer sus necesidades y/u opiniones, despreciando su propia experiencia interna, llegando solo a aprender a contentar a otras personas en lugar de aprender a atenderse a sí mismos. Esto, como consecuencia, genera problemas de identidad, que en ocasiones están muy relacionados con las sensaciones de vacío que presentan las personas con TLP.

- Alta prevalencia de trauma, en muchas ocasiones a edades tempranas y con carácter crónico. El trauma temprano se ha asociado no solo con el TLP, sino también con otros trastornos mentales; sin embargo, se ha demostrado que esta relación es más fuerte con el TLP que en otros trastornos mentales. Además, con respecto a otros trastornos de personalidad, el TLP se asocia con abuso y negligencia de manera más consistente (Mosquera y González, 2014).
- Hay autores que consideran que hay un continuo entre el TEPT (trastorno por estrés postraumático) simple y el TLP, y que este último sería la forma más grave de TEPT. Muchos estudios han descrito la comorbilidad entre TEPT y TLP. Además, muchos de los criterios descritos para el TEPT complejo (Herman, 1992) se solapan con criterios diagnósticos del TLP.
- Desde la teoría de la disociación estructural de la personalidad (van der Hart et al., 2011) se indica que la disociación estaría en la base de los trastornos postraumáticos, situándose en un continuo entre el TEPT y el TID (trastorno de identidad disociativo), estando el TLP en la zona media del espectro. Dentro de este enfoque, los problemas de apego y las experiencias traumáticas darían lugar a la sintomatología disociativa y al TLP.

La relación entre los factores que pueden influir en el desarrollo del TLP (combinación de vulnerabilidad genética y neurológica, combinada con experiencias traumáticas en la infancia, así como con problemas de apego) es compleja, por lo que tendremos que observar y valorar qué peso tiene cada factor en función del paciente con TLP.

2. TRATAMIENTOS PARA EL TRASTORNO LÍMITE DE LA PERSONALIDAD

Los tratamientos de los trastornos de la personalidad son un reto para los profesionales de la salud mental. Existen pocas evidencias sobre la eficacia de los tratamientos, pero si sobre alguno de ellos contamos con más información y apoyo en la evidencia es sobre el trastorno que nos ocupa, el límite.

A continuación se indican las terapias que actualmente tienen algún tipo de aval en la literatura científica.

2.1. TERAPIA DIALÉCTICO-CONDUCTUAL

La terapia dialéctico-conductual (TDC) es un enfoque terapéutico propuesto por Linehan (1993a, 1993b) como una de las terapias de tercera generación y planteada específicamente para el tratamiento del TLP. Esta terapia aúna el enfoque cognitivo-conductual con el enfoque contextual, dando especial importancia a la aceptación plena y a la orientación hacia valores y hacia la atención plena.

La TDC se plantea como una intervención de larga duración, durante la cual se espera que la persona active conductas funcionales y adaptadas al contexto, a pesar de sentir fuertes emociones.

Los objetivos terapéuticos a nivel individual en la TDC incluyen trabajar sobre:

— Conductas peligrosas para la vida de la persona, así como para su continuidad en el tratamiento.
— Conductas que afecten negativamente a la calidad de vida asociada a la salud y al bienestar.
— Estrategias de afrontamiento para incorporar las habilidades aprendidas en la intervención grupal.

Y se emplean técnicas como:

— Análisis funcional de la conducta.
— Uso de metáforas.
— Solución de problemas.
— Manejo de contingencias.
— Intención paradójica.

También se puede aplicar en formato grupal. La mayor eficacia de la TDC se ha demostrado en el manejo de las autolesiones y la conducta suicida (Linehan et al., 1991, 2006; Mosquera, 2013).

2.2. Terapia basada en la mentalización

Para un desenvolvimiento normal, las personas deben ser conscientes y entender sus propios estados mentales y los de los demás, que es lo que se ha venido en llamar mentalización. La mentalización determina la forma de comportarse, relacionarse con los demás, expresar emociones, etc. Una teoría explicativa de la sintomatología del TLP se refiere a tener problemas con la mentalización, estando su tratamiento dirigido a mejorarla.

La terapia basada en la mentalización, que tiene un enfoque psicodinámico, ha sido desarrollada principalmente por Bateman y Fonagy (2006), sustentándose en las teorías del apego y en las teorías cognitivas de la Teoría de la Mente. Se basa en fortalecer la capacidad de los pacientes de comprender sus estados de la mente y los de los demás en contextos de apego, el cual resulta crucial en el desarrollo de una buena capacidad de mentalización. Fundamenta así su intervención en activar esquemas de apego de los individuos (o en desactivarlos si son negativos), con el objetivo de solucionar sus dificultades con los afectos, la regulación de los impulsos y el funcionamiento interpersonal, que actúan como desencadenantes de sus síntomas. Es un tratamiento protocolizado con una duración de 18 meses que combina psicoterapia individual y de grupo (Bateman y Fonagy, 2006).

Las estrategias de intervención en esta terapia son, a grandes rasgos:

— Reaseguración, apoyo y empatía.
— Clarificación, desafío y elaboración de los afectos.
— Mentalización básica, dirigida a reinstaurar la mentalización cuando esta se ha perdido. Los autores organizan estas técnicas en dos grupos: «párate, escucha, mira» *(stop, listen, look)* y «párate, rebobina, explora» *(stop, rewind, explore)*. La primera consiste en mantener la sesión «en suspenso» mientras se investiga lo que está sucediendo en ese momento. La segunda trata de analizar hacia atrás, una vez se ponen de manifiesto conductas/verbalizaciones que apuntan a un fallo en la mentalización, toda la secuencia de hechos que nos han llevado hasta allí, para reflexionar conjuntamente sobre lo que ha pasado.
— Mentalización interpretativa: va un paso más allá, pero debe hacerse con cautela. El terapeuta ofrece una perspectiva alternativa sobre lo que el paciente dice, relacionando sus reacciones a un estado mental, en una secuencia causal.

— Mentalización de la transferencia: consiste en animar al paciente a pensar sobre la relación con el terapeuta en el momento actual, para que centre su atención en la mente del otro y para ayudarle a contrastar su propia percepción sobre cómo es visto por el otro (Sánchez-Quintero y Vega, 2013).

2.3. TERAPIA CENTRADA EN ESQUEMAS

La terapia centrada en esquemas considera que los trastornos de personalidad están relacionados con esquemas disfuncionales, definiendo estos esquemas como creencias incondicionales sobre uno mismo en relación con el ambiente (Vílchez, 2009), que se desarrollan a lo largo de la vida, son muy resistentes al cambio y se activan ante ciertas situaciones o experiencias ambientales.

Esta terapia se fundamenta en un enfoque cognitivo-conductual integrador, y sus principales aportaciones provienen de Young (1990), quien propone intervenir sobre los esquemas disfuncionales mediante la modificación de las operaciones o distorsiones cognitivas, lo cual enraíza con la terapia cognitiva de Beck.

Las técnicas empleadas en este enfoque incluyen:

— Técnicas cognitivas, como la reestructuración cognitiva.
— Técnicas conductuales, como el *role playing*.
— Técnicas experienciales.

2.4. TERAPIA FOCALIZADA EN LA TRANSFERENCIA

La terapia focalizada en la transferencia también se apoya en el desarrollo del apego, y plantea una intervención de base psicodinámica centrada en la teoría de las relaciones objetales y en el concepto de apego.

El objetivo principal de esta terapia es hacer aflorar los conflictos inconscientes del paciente para que, junto con el terapeuta, puedan trabajar activamente en ellos dentro de un marco clínico riguroso (Clarkin et al., 1999).

Esta terapia utiliza técnicas psicoanalíticas clásicas, como la interpretación, la atención a procesos inconscientes o poner el foco en la transferencia, junto con un papel más activo del terapeuta. Todo ello queda plasmado en un contrato de tratamiento que se realiza antes de iniciar la terapia.

2.5. Terapia EMDR

Eye Movement Desensitization and Reprocessing (EMDR, reprocesamiento y desensibilización a través del movimiento ocular; Shapiro, 2001) es un abordaje centrado en el trauma, que ha obtenido un extenso aval empírico en estrés postraumático (Mosquera y González, 2014; Novo et al., 2018). En el TLP en concreto hay varias propuestas terapéuticas desde este modelo (Mosquera y González, 2014) y empieza a haber algunas investigaciones (De Jongh et al., 2020; Kolthof et al., 2022; Wilhelmus et al., 2023). La OMS recomienda el EMDR ya desde 2013 como tratamiento indicado para los trastornos relacionados con el trauma. Aunque el EMDR no figura en la actualidad como tratamiento recomendado para personas con TLP, hay abundante evidencia de que estas personas han sufrido muchas experiencias traumáticas que repercuten en el origen y mantenimiento de su sintomatología. El planteamiento de la terapia EMDR es además un modelo transdiagnóstico, orientado al trauma subyacente a múltiples patologías. Desde otras modalidades terapéuticas, como la TDC, más centradas en aspectos de regulación emocional o relacionales, se plantea la complementariedad con los tratamientos focalizados en el trauma.

EMDR se basa en el modelo de procesamiento adaptativo de la información (modelo PAI), que indica que la patología es debida al almacenamiento disfuncional o procesamiento incompleto de experiencias traumáticas. Habitualmente, cuando una situación no sobrepasa nuestros mecanismos de afrontamiento, vamos integrando y procesando adecuadamente las experiencias que vamos viviendo. Sin embargo, si una experiencia sobrepasa nuestra capacidad de tolerarla queda procesada de manera disfuncional, generando síntomas diversos en la persona.

EMDR es un abordaje que integra una serie de procedimientos orientados a desbloquear el material que se ha procesado de manera disfuncional para restaurar la capacidad natural de integración adaptativa que tienen las personas (Shapiro, 2019).

El procesamiento de dichos recuerdos con terapia EMDR accede de manera espontánea a las redes fisiológicas que contienen información adaptativa, permitiendo que las cogniciones y las emociones más empoderadoras o positivas en el momento presente se generalicen hacia los recuerdos asociados a toda la red neurofisiológica, influyendo así de manera positiva en el funcionamiento global del paciente. Es decir, las creencias cambian a consecuencia del trabajo con las memorias. También los trastornos de personalidad se consideran susceptibles de cambio gracias al procesamiento de los recuerdos que activan las características disfuncionales (Shapiro, 2019).

El abordaje con EMDR se estructura en un protocolo estándar de ocho fases para trabajar cada uno de los eventos traumáticos de la vida del sujeto. De cada recuerdo a trabajar se recogen elementos perceptivos, cognitivos, emocionales y somáticos del recuerdo para poder trabajar los distintos niveles de procesamiento de la información (Hensley, 2010; Shapiro, 2001, 2019). A continuación se describen de manera breve las ocho fases del protocolo estándar (Hensley, 2010; Mosquera y González, 2014; Shapiro, 2001, 2019).

Fase 1.   Recogida de la historia del paciente

Implica la recopilación de datos sobre la historia del paciente y la planificación del tratamiento. En esta fase se recogen todos los eventos que siguen generando en el paciente algún nivel de perturbación, desde su gestación hasta la actualidad. El abordaje con EMDR presta especial atención a las experiencias tempranas y los estilos de apego. En esta fase es importante también valorar si el paciente presenta o no sintomatología disociativa, ya que, en caso de existir estos síntomas, el plan de trabajo debe contemplarlos desde el inicio.

En el plan de trabajo que se establezca deben contemplarse las experiencias del presente y pasado, y las expectativas de futuro.

Fase 2.   Preparación e instalación de recursos

En esta fase se informa al paciente sobre el procedimiento y se genera un ambiente de seguridad para que pueda acceder a trabajar los eventos traumáticos. También se le dota al paciente de herramientas que le ayuden a su autorregulación y a mantener la atención dual (un pie en el presente y otro en el pasado) necesaria para el reprocesamiento. Esta fase es habitualmente prolongada en los trastornos de personalidad, empezando a introducirse progresivamente procedimientos que incluyen estimulación bilateral orientados a la estabilización. Como se ha comentado, el abordaje puede ser diferente en función del nivel de disociación, entre otros aspectos.

Fase 3.   Evaluación

En esta fase se accede al evento perturbador concreto sobre el que se va a trabajar en esa sesión y los componentes del recuerdo. Se identificará la imagen que represente la peor parte de ese recuerdo, una creencia auto-rreferente y generalizable conectada al recuerdo que la persona tiene en el presente cuando evoca el recuerdo (por ejemplo «soy ridícula»), junto con las emociones y sensaciones físicas asociadas al recuerdo que aún permanecen en el presente. Por otro lado, se identifica la creencia que le gustaría tener frente a la misma experiencia (se busca una cognición positiva alineada con la negativa, por ejemplo «está bien como soy», y se evalúa el nivel de credibilidad que tiene para el paciente esa creencia positiva en ese momento, valorando cuánto se sienten de ciertas esas palabras en una escala del 1 al 7 [VOC], siendo 1 «se sienten completamente falsas» y 7 «se sienten completamente verdaderas»). A continuación se le pide al paciente que indique las emociones que siente ahora cuando piensa en la imagen del acontecimiento, junto con la cognición negativa, y se mide el nivel de perturbación. Se realiza una medición en unidades subjetivas de perturbación (SUD) de la cognición negativa en una escala de 0-10, siendo cero ninguna perturbación y diez la perturbación más alta que puedas imaginar, y se localiza dónde se siente la perturbación en el cuerpo.

Fase 4.   Desensibilización

Tras haber realizado los pasos de la fase 3 se activa la memoria, pidiendo al paciente que piense en los elementos que se identificaron, y se inicia la estimulación bilateral (a través de movimientos oculares, de toquecitos —*tapping*— o escucha dicotómica). Esta fase continúa hasta que el SUD es 0 respecto a la experiencia original.

Fase 5.   Instalación

Una vez que no hay perturbación asociada al recuerdo, en esta quinta fase se instala la creencia positiva sobre uno mismo que mejor se ajusta al mismo, a través de sets de estimulación bilateral, hasta que el VOC de la creencia positiva llegue a 7.

Fase 6. Examen corporal

Una vez que la cognición positiva alcanza una VOC de 7, se le pide al paciente que mantenga en mente tanto la imagen como la cognición positiva, mientras examina mentalmente todo su cuerpo para identificar cualquier sensación de tensión que aún persista o cualquier tipo de sensación molesta o perturbadora. Si el paciente informa de cualquier sensación inusual, habría que hacer diana en ella y aplicar estimulación bilateral hasta que desaparezca. Esta fase se completa cuando el paciente, accediendo a la diana y junto con la cognición positiva en mente, pueda examinar mentalmente todo su cuerpo y no encontrar ninguna sensación perturbadora.

Fase 7. Cierre

Se le advierte al paciente de que tras la sesión le puede venir material asociado al trabajado, y que en caso de que así suceda simplemente lo observe y tome nota de él, para tenerlo en cuenta o trabajarlo en la siguiente sesión.

Fase 8. Reevaluación

Al comienzo de cada nueva sesión se reevalúa el efecto de la diana trabajada en la sesión anterior, accediendo a ella y preguntando al paciente cómo se siente respecto a ese evento para comprobar que se mantiene en SUD 0. Si aparece algo de perturbación residual, habría que trabajar sobre la diana de fases 3-8.

Estas ocho fases del procesamiento estándar deben ser aplicadas por un terapeuta con conocimientos sólidos y acreditados sobre la aplicación del abordaje con EMDR. En casos complejos, con trauma complejo (como suelen ser los casos de personas con TLP) o con ciertas peculiaridades, este protocolo estándar puede verse modificado o adaptado según las necesidades del caso.

2.6. Terapia familiar o con la familia

En la intervención con pacientes con TLP el trabajo familiar es importante, ya que las relaciones de apego tempranas y el trauma intrafamiliar tienen un papel fundamental en el desarrollo del TLP (Mosquera y González, 2014). Diferentes investigaciones han estudiado las relaciones e interacciones familiares como factor clave en el desarrollo del TLP (Bandelow et al., 2005; Ciardo et al., 1993; Zanarini et al., 1997). Es importante tener en cuenta que estos pacientes a veces dependen económicamente o en otros aspectos de sus familiares, o bien no toleran la soledad, por lo que fácilmente vuelven a su familia de origen a pesar de ser, con frecuencia, origen y disparador de su sintomatología. Por tanto, tener en cuenta e integrar a la familia en el trabajo con pacientes con TLP es necesario, e incluso inevitable en algunos casos. Es frecuente que sean los familiares de personas con TLP los que inicien el contacto con el terapeuta, o animen al paciente a hacerlo, habitualmente tras algún episodio agudo en el que se ha puesto de manifiesto alguna conducta peligrosa, por ejemplo un intento autolítico, autolesiones, problemas asociados como consumo de drogas o un trastorno alimentario, o algún episodio de agresión intrafamiliar (Mosquera, 2013). Para entender el funcionamiento y trabajar con la familia es importante explorar los patrones de apego y cómo ha sido y es la relación entre los cuidadores y el paciente con TLP, y ver los rasgos genéticos que se puedan haber transmitido de generación en generación.

Podemos encontrar diferencias entre distintos modelos familiares y estilos de apego (Minuchin, 1974; Mosquera y González, 2014):

— Adaptativas: familias que permiten la conexión y la autonomía en un contexto de apego seguro.
— Aglutinadas: familias con límites difusos que no fomentan la autonomía del individuo, llegando a invadir sus límites, vinculándose al apego preocupado de adulto.
— Desconectadas: familias desconectadas emocionalmente, pero con límites muy rígidos que se vinculan al apego evitativo.
— Caóticas: familias con límites caóticos e inconsistentes que se vinculan al apego desorganizado.

Es frecuente, en casos de TLP, que haya familias aglutinadas (madre sobreprotectora y padre distante o autoritario) y caóticas en las que incluso existen situaciones de maltrato y de abuso. En el caso de las familias aglutinadas, aunque habitualmente están muy dispuestas a colaborar y muestran la mayor de las preocupaciones por sus hijos, es probable que acaben percibiendo la autonomía e independencia que va adquiriendo el paciente con TLP como algo negativo o peligroso, llegando incluso a interferir en el progreso de la intervención (Mosquera y González, 2014) y a fomentar un entorno invalidante. Una familia invalidante responde a la comunicación de preferencias, pensamientos y emociones con respuestas disonantes (concretamente, no respondiendo o haciéndolo con respuestas extremas). Esto conduce a una ruptura entre la experiencia privada del niño emocionalmente vulnerable y la respuesta de su entorno social (Linehan, 2003). Además, en un ambiente invalidante las experiencias negativas son trivializadas y atribuidas a rasgos negativos, como la falta de motivación o de disciplina; las emociones positivas fuertes y asociadas a preferencias también pueden ser invalidadas, de tal forma que se atribuyen a un incremento de la impulsividad o a una falta de juicio.

En el trabajo con la familia es importante comenzar psicoeducando sobre el trastorno, entender el funcionamiento del paciente con base en su historia y las dinámicas familiares, así como contemplar que en el origen de los casos de TLP hay una multicausalidad en la que se incluyen también causas biológicas y genéticas, además de las ambientales, sociales y situacionales (Mosquera, 2013).

Para ampliar información sobre pautas familiares para pacientes con TLP se puede consultar la *Guía para las familias de grupo multifamiliar del Hospital McLean* (Gunderson y Berkowitz, 2006).

2.7. TRATAMIENTO FARMACOLÓGICO

No existe un tratamiento o fármaco específico usado en TLP (Bozzatello et al., 2020; Parker y Naeem, 2019) ni aprobado por las agencias de medicamentos internacionales, de modo que en este caso el uso de fármacos se emplea por la experiencia previa acerca de la eficacia a la hora de tratar alguna de las dimensiones antes mencionadas en otros trastornos (Mirapeix et al., 2017). De esta forma se han empleado los siguientes fármacos: antidepresivos, estabilizadores del estado de ánimo, y antipsicóticos de primera, segunda y tercera generación. Los informes de la Cochrane señalan que el tratamiento farmacológico del TLP es hasta el momento sintomático, no existiendo fármaco en la actualidad que se asocie a remisión (Puente, 2018). Siever y Davis (1991, citado en Puente, 2018) propusieron cuatro dimensiones temperamentales basadas en estructuras biológicas en las que se basa el tratamiento farmacológico, el cual, a grandes rasgos, se podría concretar de la siguiente forma, según cada una de las dimensiones propuestas por estos autores:

1. Predominio de alteraciones basadas en la impulsividad-agresividad. Los inhibidores de recaptación de serotonina (ISRS) se consideran eficaces sobre esta dimensión, aunque su eficacia sobre la impulsividad es discutida por algunos autores. En casos en los que peligre la seguridad del paciente, debido a su descontrol conductual, se podría añadir un antipsicótico a dosis bajas.
2. Predominio de la inestabilidad emocional. Los estabilizadores del ánimo y los antipsicóticos son eficaces en la inestabilidad afectiva del TLP, al igual que ocurre en otras patologías afectivas.
3. Predominio de alteraciones cognitivas-desorganización conductual. Se recomienda la utilización de antipsicóticos a dosis bajas para manejar los episodios micropsicóticos, la ideación paranoide, las regresiones psicóticas y la desorganización conductual leve. Este tratamiento influye en una estabilización de las relaciones interpersonales y mejora el funcionamiento global del paciente con TLP.
4. Predominio de la ansiedad-inhibición. En este caso, las benzodiacepinas pueden resultar útiles para reducir la ansiedad en situaciones de crisis y por breves períodos de tiempo. No obstante, la prescripción de benzodiacepinas debe hacerse con cautela, para controlar el riesgo de los pacientes con TLP de desarrollar abuso.

Por último, podemos recordar que la recomendación actual respecto al tratamiento farmacológico en TLP se fundamenta en estos tres aspectos (Bozzatello et al., 2020):

i.   Que se realice una farmacoterapia personalizada e individualizada para el TLP, la cual vaya dirigida a los grupos de síntomas prominentes.
ii. Que se evite la polifarmacia, reevaluando cada cierto tiempo la pertinencia de prolongar los fármacos prescritos.
iii. Que se planteen tratamientos combinados de psicofarmacología y psicoterapia.

2.8. Rehabilitación funcional e integración laboral

Si bien no se puede considerar como una terapia en sí, es altamente recomendable trabajar con los pacientes con TLP diferentes aspectos psicosociales, como la rehabilitación funcional y la integración laboral. En este sentido, las recomendaciones son, entre otras, las siguientes (*Guía de práctica clínica sobre trastorno límite de la personalidad,* 2011):

— Ofrecer programas de entrenamiento en habilidades de la vida diaria a aquellas personas con TLP que presentan deterioro funcional, con el objetivo de mejorar su autonomía personal y su calidad de vida.
— Ofrecer programas de apoyo a la ocupación del tiempo libre a las personas que lo requieran.
— Ofrecer intervenciones de rehabilitación cognitiva a las personas con TLP y alteración cognitiva, integradas en programas más amplios de rehabilitación psicosocial e incorporadas al plan de tratamiento.
— Ofrecer programas de inserción laboral a las personas carentes de actividad laboral, con objeto de mejorar su autonomía personal y su calidad de vida.
— Se recomienda que la intervención psicológica o psicosocial se incorpore en el marco terapéutico general, y se ofrezca como parte esencial de una asistencia integral y estructurada.

3. La relación terapéutica

Uno de los grandes problemas con los que se encuentran las personas con TLP es que a menudo generan rechazo, por su intensidad, en las personas que los atienden. El papel del terapeuta es de suma importancia, tanto en lo referente a su experiencia como a su pericia. La persona con TLP trata de proyectar en el terapeuta todas aquellas experiencias, actitudes y miedos que habitualmente experimentan en su entorno próximo (Frías, 2022). Para entender lo que pasará en terapia con un paciente con TLP hay que entender la historia de su vida. Cuando un paciente con TLP llega a consulta, lo hace cargado con una mochila llena de traumas y experiencias de abandono y/o rechazo. Por ello, el nuevo vínculo que va a establecer, en este caso con el terapeuta, es para él una fuente de amenaza, pudiendo disparar mucha de su sintomatología. Es importante que el terapeuta sea consciente de ello y lo integre como parte del propio abordaje, porque lo más importante para una buena alianza terapéutica es que el paciente sienta que el vínculo con su terapeuta será seguro e incondicional. La relación terapeuta-paciente va a servir en este caso como modelo para tener un ejemplo de lo que sería una relación adaptativa y sana, estableciendo límites adaptativos y una buena red de apoyo, protección y validación. Al inicio del tratamiento el terapeuta puede sentir que el paciente le pone a prueba (culpabilizando, presionando, atacando...), y que se activa el sistema de protección del paciente ante un nuevo vínculo, pero esto no es más que parte de su sintomatología. Lo importante es que el terapeuta tenga información adecuada de lo que hay debajo de estas reacciones y las maneje de manera adaptativa, sin personalizar, para que no perjudiquen la relación terapéutica.

Es importante establecer límites claros desde el inicio de la intervención que ayuden a que el paciente sepa cómo puede pedir ayuda cuando lo necesite, pero de una manera adaptativa, dotándole de estrategias de autorregulación mediante el establecimiento de unos límites sanos. Es importante también establecer una buena diferenciación y ver qué hay debajo de situaciones que se pueden dar dentro del proceso terapéutico, como ataques, chantajes o amenazas de suicidio hacia el terapeuta. Ante estas situaciones, el terapeuta no debe caer en la sobreimplicación o en fantasías de rescate y, por supuesto, no debe mostrar actitudes violentas hacia el paciente. Además, en ocasiones el terapeuta puede sentir que si no cede a lo que demanda el paciente, este se hará daño, y puede acabar atendiendo demandas poco razonables y de poca utilidad para los objetivos terapéuticos, lo que hay que evitar. Lo que más miedo le da a los pacientes con TLP es volver a sentirse solos y/o abandonados, por lo que el terapeuta debe ser especialmente cuidadoso y establecer una relación adaptativa y segura.

4

Plan de intervención general en un caso tipo de trastorno límite de la personalidad

En este libro se van a proponer diversas situaciones prácticas que ayudan al terapeuta en el tratamiento de un caso, y que son habituales en un protocolo clásico de intervención psicológica en TLP. Para entender estas situaciones hay que considerar que se supone una *intervención individualizada* que pueda realizarse desde el enfoque de consultas periódicas. A continuación se exponen las características básicas de una intervención estándar en TLP, para entender y ubicar las situaciones que se relatan en la segunda parte de este libro.

El *objetivo* prioritario de una intervención debe ser recuperar un estado de salud integral que permita reducir o eliminar los riesgos psicosociales asociados al TLP. Para alcanzarlo, se trabajarán aquellos aspectos cognitivos, conductuales y familiares que elicitan y/o mantienen la sintomatología.

El plan de intervención se fundamenta en cuatro *fases:*

a)   Evaluación del caso.
b)   Análisis funcional y establecimiento de objetivos.
c)   Tratamiento.
d)   Finalización de la terapia y seguimiento.

En cada una de ellas se persiguen unos determinados objetivos, en función de los cuales se aplicarán unas u otras técnicas de las terapias mencionadas en los apartados previos. La estructura general de dicho plan puede verse en la tabla 4.1.

En esta guía terapéutica no se desarrollan al detalle las diferentes técnicas de intervención mencionadas a lo largo del texto, pues no es el objetivo de esta colección y además se asume que el terapeuta ya las conoce. No obstante, si se necesita revisarlas, puede encontrarse una buena descripción de la mayoría de ellas en textos específicos sobre TLP, como los citados previamente en cada apartado respecto a las técnicas de intervención.

TABLA 4.1

*Plan de intervención psicológica en un caso de trastorno límite
de personalidad*

Fase	Objetivos generales de intervención	Estrategias generales de intervención
Evaluación	1. Valorar la existencia de un verdadero caso de TLP. Diagnóstico inicial.	Entrevista clínica. Recogida de historia clínica. Análisis de criterios diagnósticos.
	2. Valorar el modelo de intervención (ambulatorio, hospitalización) y de tratamiento (autoayuda, farmacológico, psicológico, mixto...), así como los profesionales que deben intervenir y establecer el perfil de TLP.	Derivación, si procede, a otro profesional, para su valoración. Valoración de síntomas. Cuestionarios específicos para TLP.
	3. Valorar las alteraciones comórbidas.	Entrevista clínica. Recogida de historia clínica. Cuestionarios específicos de *screening* psicopatológico.
Análisis funcional y establecimiento de objetivos	4. Elaborar un análisis funcional explicativo del caso de TLP.	Empleo de la técnica gráfica de Haynes para elaborar análisis funcionales u otras igualmente validadas.
	5. Establecer los objetivos y metas de la intervención.	Establecimiento de objetivos/metas.
Tratamiento	6. Promover la motivación para el cambio.	Explicación del modelo transteórico. Elaboración de un listado con los problemas actuales y las ventajas del cambio.
	7. Implicar al contexto psicosocial.	Valorar si conviene implicar a la familia, pareja o allegados. Psicoeducación. Establecimiento de un plan de trabajo con la familia, pareja o allegados. Aplicación de técnicas cooperativas.

TABLA 4.1   *(continuación)*

Fase	Objetivos generales de intervención	Estrategias generales de intervención
Tratamiento *(continuación)*	8. Aplicar el programa de técnicas de intervención, con base en la terapia elegida, según las características del caso y la preparación del terapeuta.	Técnicas que ayuden a paliar los síntomas del paciente con TLP. Técnicas para trabajar el apego. Técnicas para mejorar el autocuidado. Técnicas para mejorar la autorregulación. Técnicas para trabajar las experiencias traumáticas. Técnicas para mejorar habilidades sociales y de comunicación. Incluir las técnicas necesarias para abordar todos los objetivos del caso.
	9. Intervenir sobre posibles alteraciones psicológicas concomitantes.	Aplicación de los abordajes validados para cada posible trastorno detectado.
Terminación y seguimiento	10. Preparar al paciente para el seguimiento y finalización de la terapia.	Reestructuración de la terapia. Preparación de la paciente para la finalización de la terapia:
		— Repaso de las estrategias aprendidas en función de los distintos problemas (por ejemplo, hacer un documento resumen de todas las estrategias que hemos trabajado en función de cada problema: cuando tienen ansiedad, cuando se sienten solos...). Incluir un apartado de cómo pedir ayuda y enumerar los indicadores de alarma y las acciones pertinentes en función de cada uno.
	11. Asegurar el mantenimiento de los logros y reducir el riesgo de recaídas.	Planificación de las acciones de seguimiento. Uso de técnicas de prevención de recaídas.

La relación de situaciones expuestas en este libro está organizada pensando en un tratamiento realizado de forma ambulatoria en consulta con una frecuencia de atención clásica, al que un paciente asiste una vez a la semana durante el grueso del tratamiento, aunque dicha frecuencia se espacia al final del mismo para facilitar la conclusión y ver la consolidación de los progresos del paciente.

Cada sesión tiene una *duración* aproximada de una hora, estructurada de la siguiente manera:

— Primeros 10-15 minutos: palabras de saludo, acogida, evaluación del estado del paciente entre sesiones y análisis de la realización de las tareas encomendadas en la última sesión.
— Siguientes 40 minutos: intervención y entrenamiento y/o aplicación de las técnicas previstas para dicha sesión.
— Últimos 5-10 minutos: cierre de la sesión, repaso de lo aprendido en la sesión y organización de las tareas a realizar durante el período intersesiones.

Segunda parte

Relación de situaciones en el proceso de intervención psicológica en el trastorno de personalidad límite

5

Situaciones en la fase de evaluación pretratamiento

SITUACIÓN 1. EL PACIENTE CON TLP SE MUESTRA CON UN HUMOR MUY VARIABLE DURANTE LA CONSULTA

CARACTERÍSTICAS DE LA SITUACIÓN

En ocasiones el paciente con TLP puede acudir a pedir ayuda, pero durante el curso de la entrevista, o en función del tema que estemos tratando, pasar por estados anímicos muy variables, mostrándose muy alegre y entusiasmado en algunos momentos, y disgustado e incluso decepcionado con él mismo y/o el terapeuta en otros momentos.

OBJETIVOS DE INTERVENCIÓN

— Evaluar el motivo de los cambios.
— Explicar al paciente la asociación de su sintomatología con estos cambios de ánimo durante la consulta.
— Empatizar con el paciente.

RECOMENDACIONES PARA LA INTERVENCIÓN

Es importante evaluar bien si algo concreto que hemos dicho o hecho en consulta le ha disparado, o si ello se debe a un estímulo del contexto o a la configuración de la propia intervención. A veces, si hay mucho trauma no resuelto asociado, puede haber disparadores en la consulta que le generen malestar y que tenemos que controlar y contemplar desde el primer momento. También es importante aportar información sobre las características del TLP asociadas a estos cambios de ánimo. Los pacientes con TLP suelen tener una imagen de sí mismos muy variable y dicotomizada, que suele estar basada en cómo son percibidos. Esta variabilidad en la autoimagen puede conllevar cambios de humor o pensamientos contradictorios sobre uno mismo y acerca de los demás.

SITUACIÓN 2. EL PACIENTE CON TLP ACUDE A CONSULTA CON UN TERCERO QUE NO ES ADECUADO QUE ESTÉ PRESENTE EN LAS SESIONES DEL PACIENTE

CARACTERÍSTICAS DE LA SITUACIÓN

Es frecuente en las primeras sesiones que los pacientes acudan acompañados por un familiar, pareja o allegado. En casos de personas que sufren TLP, durante la exploración del caso podemos darnos cuenta de que la persona que le acompaña está vinculada a las experiencias traumáticas no resueltas del paciente o de que su presencia no es adecuada por distintos motivos, como que su mera cercanía, aunque esta persona permanezca en la sala de espera, dispara algún tipo de malestar en el paciente, o que este sienta que no puede hablar libremente en sesión porque una determinada persona esté cerca.

OBJETIVOS DE INTERVENCIÓN

— Agradecer la colaboración del participante y seguir con el paciente de manera individual, justificando dicha necesidad.
— Informar al paciente a solas sobre la situación e intentar acordar con él que no le acompañe dicha persona en futuras ocasiones.
— Buscar otro acompañante alternativo en caso necesario o ir citando de manera concreta a los acompañantes cuya presencia sea precisa en alguna sesión.

RECOMENDACIONES PARA LA INTERVENCIÓN

En el momento que se detecte que la presencia del acompañante no es adecuada, será preciso comentarlo con el paciente de manera individual y explicarle la justificación. Si dicha situación se detecta teniendo a ambas personas dentro de la consulta, se recomienda agradecer al acompañante su tiempo y colaboración e indicarle que lo llamaremos en caso de que sea necesario en otra sesión e invitarle a salir para atender al paciente de manera individual durante el resto de la sesión. En caso de que sea posible, se le propondrá venir a las próximas sesiones él solo o con otros acompañantes que puedan servir como fuente de apoyo, según se estime oportuno.

SITUACIÓN 3. EL PACIENTE NO HABLA EN LAS SESIONES O HABLA MUY POCO

CARACTERÍSTICAS DE LA SITUACIÓN

A muchos pacientes/clientes les resulta muy difícil iniciar un tratamiento psicológico y mostrar sus sentimientos a un desconocido. Además, muchas personas pueden presentar vergüenza o miedo al rechazo ante la revelación de cierta información personal, o pueden tener dificultades para detectar sus emociones o hablar de sus experiencias.

OBJETIVOS DE INTERVENCIÓN

— Empatizar con las dificultades que pueda estar teniendo el paciente para hablar de su historia.
— Informar sobre la función de las sesiones.
— Incrementar las verbalizaciones para conseguir la máxima información posible sobre el caso, siempre que no salga de su ventana de tolerancia.
— Ayudar al paciente en la recogida de información.
— Explorar si hay algún miedo o barrera que le esté impidiendo hablar de manera fluida.

RECOMENDACIONES PARA LA INTERVENCIÓN

Es importante permitir que los pacientes relaten sus historias sin interrumpir ni juzgar la veracidad de su discurso. Si el cliente habla poco, una buena forma de explorar lo que puede estar pasando es empatizar con él, indicando que es normal que le cueste contar información dolorosa o avergonzante a un desconocido, que hay veces que es muy difícil explicarse. Es muy importante dejar claro al paciente que, cuente lo que cuente, no va a ser rechazado, que la consulta es un espacio seguro y personal de trabajo y que tiene derecho a contar sus necesidades, sus opiniones y hablar de su vida. Se puede empezar con una entrevista más guiada y estructurada que empiece con temas menos intensos a nivel emocional, con respuestas cortas, que le generen menos ansiedad al paciente y le hagan sentir la mínima presión posible por parte del terapeuta.

Se le debe recordar que puede contar lo que le vaya pareciendo bien y tolere, y que si algo le abruma y quiere dejar de comentarlo puede indicarlo, para seguir con ello en otra sesión. Es muy útil concretar conjuntamente desde el inicio una señal de «stop», por ejemplo levantar la mano, para que el paciente la pueda usar en caso de que quiera parar con lo que se esté comentando/interviniendo si siente que ello sobrepasa su umbral de tolerancia. Como los pacientes con TLP tienen problemas en establecer límites, resulta de gran ayuda desde el inicio definir qué es la ventana de tolerancia personal y ayudarle a detectar cuándo se está saliendo de ella. Una vez explicado esto, se puede usar la señal de «stop» para ayudarle a situarse en su propia ventana de tolerancia. También se puede emplear para recoger información de la vida del paciente, una línea de vida guiada con los sucesos traumáticos más relevantes que recuerde a lo largo de su vida, desde su gestación hasta la actualidad. Véase, a modo de ejemplo, el formato de línea de la vida propuesto en el recurso 3, en el capítulo 11 de este libro, en el que se ofrecen diversos recursos para la intervención.

SITUACIÓN 4. EL PACIENTE CON TLP NO RECUERDA PARTE DE SU HISTORIA VITAL

CARACTERÍSTICAS DE LA SITUACIÓN

Muchos pacientes con TLP presentan sintomatología disociativa asociada al trauma no resuelto, por lo que a veces es posible que no recuerden determinados sucesos vitales o bien los recuerden de manera parcial (Mosquera y González, 2014). Es habitual también que algo que un día cuentan con muchísimo malestar, en otro momento diferente lo comenten sin darle más importancia, como si fueran dos personas diferentes las que hubieran pasado por el mismo suceso. Los acontecimientos traumáticos suelen registrarse más fácilmente en la memoria implícita (Williams y Poijula, 2015), pero a veces esta información se encuentra bloqueada y es posible que no sea accesible para el paciente en el momento de la exploración.

Objetivos de intervención

— Recoger toda la información que pueda recordar el paciente y anotar aquella que falta por completar y que se irá explorando en sesiones sucesivas, a medida que el paciente pueda ir accediendo a los recuerdos.
— Tranquilizar al paciente y normalizar el que no pueda recordar una parte o la totalidad de algún suceso y que no es necesario forzar el acceso a los recuerdos.
— Informar sobre el proceso de almacenamiento y accesibilidad de los recuerdos en caso de que el paciente haya sufrido experiencias traumáticas.

Recomendaciones para la intervención

Es muy importante no forzar al paciente a intentar recordar algo que quizá en ese momento no puede recordar, pues ello le puede generar sentimientos de inutilidad y un mayor bloqueo. En caso necesario, es conveniente explicar el proceso de almacenamiento y recuperación de los recuerdos cuando se han vivido experiencias traumáticas que han excedido nuestra ventana de tolerancia. A medida que el paciente vaya mejorando su estado de ánimo y teniendo más recursos de autorregulación y autocuidado, lo esperable es que cada vez más información bloqueada vaya siendo accesible.

Situación 5. Desde que se concertó la cita, el paciente con TLP ha estado mandando mensajes injustificados al terapeuta a modo de petición de ayuda

Características de la situación

En algunas ocasiones puede pasar que el paciente demande una excesiva atención y ayuda por parte del terapeuta, incluso antes de tener la primera sesión.

OBJETIVOS DE INTERVENCIÓN

— Evaluar el grado de urgencia de las peticiones.
— Establecer una serie de límites, indicando las situaciones en las que se puede contactar con el terapeuta y las vías de comunicación disponibles.
— Explicar la importancia de los límites, asociándolo a su sintomatología.
— Calmar la impulsividad y explicar la asociación que tienen estos actos con su sistema de protección.

RECOMENDACIONES PARA LA INTERVENCIÓN

Es importante evaluar siempre si la petición de ayuda está justificada o no, por si acaso hubiera un motivo de atención urgente. En caso de que no fuese así, es importante dejar claro desde el principio las situaciones en las que se puede contactar al terapeuta y las vías de comunicación adecuadas. También es necesario explicar que un nuevo vínculo, el que empieza a establecer con su terapeuta, puede ser en sí mismo un disparador de todo un historial de trauma de apego. Algunas personas con TLP tienen una necesidad desproporcionada de apoyo y de demanda de afecto, y ello puede llevarlos a ser impulsivos. Es importante tener en cuenta esta información y explicarles que no es que no les queramos atender, sino que establecer ciertos límites desde el inicio les va a ayudar a establecer unos márgenes de actuación y a ir aprendiendo límites personales que les pueden proteger en otras situaciones. A veces incluso se percibe al paciente como manipulador, pero el terapeuta debe tener claro que es una consecuencia de su sintomatología, y que su inestabilidad global en las relaciones provoca que a veces intente calmar sus necesidades de esa manera. También puede activarse miedo al abandono cuando el paciente ve que el terapeuta no responde a sus demandas como espera, por lo que es importante establecer claramente desde un inicio unos límites saludables que le ayuden a protegerse y a diferenciar unas situaciones de otras.

SITUACIÓN 6. EL TERAPEUTA CONSIDERA QUE ES IMPORTANTE ENTREVISTAR A LAS PERSONAS CERCANAS AL PACIENTE, COMO LOS FAMILIARES O LA PAREJA, PERO PREFIEREN NO HACERLO, O BIEN ES EL PACIENTE EL QUE NO QUIERE QUE SE LES ENTREVISTE

CARACTERÍSTICAS DE LA SITUACIÓN

Frecuentemente, el terapeuta puede ver conveniente que algún allegado o familiar del paciente acuda a alguna sesión, pero a veces estos se muestran contrarios, e incluso a veces son los propios pacientes los que se niegan a que colaboren personas allegadas o familiares.

OBJETIVOS DE INTERVENCIÓN

— Valorar la importancia de la participación de los familiares o allegados.
— Concertar una cita presencial o telefónica con los familiares o allegados, o al menos disponer de un correo electrónico a través del cual recabar la información que se estime oportuna o poder informar sobre la importancia de su colaboración en el tratamiento del paciente.
— En caso de que no sea posible contactar con ellos directamente, pedir permiso para ver si se les puede trasladar la información necesaria por alguna vía.
— En caso de que no se pueda establecer ningún tipo de colaboración con los familiares o allegados, intentar que al menos no interfieran en la intervención.
— Explorar los motivos que tiene el paciente para no querer la colaboración de familiares y amigos, y valorar si en tal caso es igualmente necesario o no.

RECOMENDACIONES PARA LA INTERVENCIÓN

Si el paciente es el que se niega, habría que ver si hay alguna solución tras explorar los motivos. A veces su elección está bien justificada, e incluso la exposición de sus motivos puede hacer al terapeuta cambiar de idea sobre la necesidad de la colaboración inmediata de algún familiar o allegado. Si la colaboración, tras contemplar los motivos del paciente, sigue siendo pertinente, es importante explicar la importancia y llegar a un acuerdo de las condiciones y el momento, si finalmente el paciente accede. Si no accede, se intentará proponer un poco más adelante. En el caso de que sean los familiares o los allegados los que no quieren colaborar, tras transmitirles de alguna manera la importancia de hacerlo, será al menos importante que interfieran lo menos posible en el tratamiento del paciente. No obstante, lo ideal será tener siempre a una persona de contacto que sirva como apoyo en los momentos de crisis del paciente. Lo más recomendable es contar con la colaboración de las personas con las que viva el paciente, para que la fuente de apoyo sea lo más accesible posible. Es frecuente que los pacientes vivan con sus principales figuras de apego y que parte de la sintomatología del paciente se vea disparada antes las relaciones con estos, por lo que el hecho de que convivan en el mismo domicilio es una buena oportunidad para poner en marcha una serie de pautas y estrategias que van a ayudar a paliar la sintomatología del paciente.

SITUACIÓN 7. EL PACIENTE CON TLP ALTERNA ENTRE LA SUSPICACIA Y UNA EXTREMA INGENUIDAD CON EL TERAPEUTA

CARACTERÍSTICAS DE LA SITUACIÓN

El paciente con TLP puede desconfiar sin límites en momentos de estrés, llegando a tener un componente casi psicótico (Mosquera, 2013). En otras ocasiones, sin embargo, puede llegar a confiar por completo en una persona a la que acaba de conocer. Iniciar un tratamiento psicológico activa a veces en estos pacientes muchas defensas asociadas con traumas de apego, que reflejan en su relación inicial con el terapeuta, la cual podrá oscilar entre la desconfianza y la confianza excesiva.

OBJETIVOS DE INTERVENCIÓN

— Psicoeducar sobre la sintomatología presente.
— Empatizar con el paciente.

— Ayudarle a poner límites a su confianza en caso necesario.
— Indicar las sesiones como lugar seguro y personal de trabajo.

RECOMENDACIONES PARA LA INTERVENCIÓN

Si encontramos a un paciente excesivamente desconfiado en sesión, lo primero es ver qué hay debajo de esa defensa que se está activando. Comencemos empatizando con el paciente, indicándole que es normal que se sienta alerta ante una situación nueva, con una persona nueva y con la que aún no sabe si el trabajo que va a realizar con ella le va a dar buenos resultados o no. Es importante diferenciar tanto al terapeuta como al propio espacio terapéutico del daño que le puedan haber hecho otras personas en el pasado. Es necesario recordar que es un espacio para él-ella, que todo lo que se hable es confidencial y que se irá avanzando al ritmo que el paciente quiera y/o pueda. Si el paciente se muestra excesivamente confiado y vemos que hay una tendencia excesiva a agradar, o a decir lo que cree que el terapeuta quiere que diga, es importante informarle que tiene derecho a expresar sus necesidades y opiniones, que el trabajo se tiene que hacer en equipo y que para el terapeuta es muy importante conocer lo que siente y opina sobre las cosas que se van hablando o trabajando, que tiene espacio para decir su opinión y exponer sus necesidades, que tiene derecho a pedir información cuando la necesite, que tiene derecho a decir que no..., introduciendo un poco las cuestiones más básicas sobre asertividad e instruyendo desde el inicio al paciente sobre la importancia de poner límites.

A veces puede ocurrir que los pacientes con TLP no sean conscientes de sus necesidades y opiniones, ya que tienen problemas de identidad. En muchas ocasiones han sufrido invalidaciones o duras críticas cuando han mostrado sus necesidades u opiniones, lo que ha repercutido en la confianza sobre sí mismos y en bajar su autoestima. De manera consciente o inconsciente, en ocasiones basan sus necesidades en opiniones de los demás, evitando que les conozcan para así eludir que les rechacen o los abandonen; en definitiva, que no les hagan daño. En tal caso, durante la intervención hay que ayudar a que los pacientes vayan estableciendo poco a poco su propia identidad, para que ellos mismos puedan ir detectando sus necesidades y opiniones.

Como recurso de ayuda para trabajar aspectos relacionados con asertividad se puede emplear el libro *La asertividad: expresión de una sana autoestima* (Castanyer, 1996).

Situación 8. El paciente con TLP nos da información contradictoria o diferente sobre un mismo suceso

Características de la situación

En algunas ocasiones, los pacientes con TLP, por sus características clínicas, pueden ver de manera muy diferente un mismo suceso, pudiendo contarlo un día con muchísimo malestar, y otro día sin darle la mínima importancia. Además, si hay mucha historia de trauma no resuelto y sintomatología disociativa, pueden tener alterados los recuerdos asociados a la experiencia traumática, pudiendo llegar a estar completamente disociados y no ser accesibles parcial o completamente (Mosquera y González, 2014).

Objetivos de intervención

— Recoger toda la información que transmita el paciente y ayudarle a completarla cuando sea posible.
— Intentar aclarar, junto con el paciente, información contradictoria.
— Usar el dibujo u otras estrategias para recuperar la información no accesible tras una exploración verbal.
— Evaluar la posibilidad de que haya sintomatología disociativa.

Recomendaciones para la intervención

Es importante valorar desde el principio la posibilidad de que haya sintomatología disociativa. Evaluar estos síntomas es fundamental tanto para el diagnóstico como para elaborar el plan de intervención, y también es de gran ayuda para los pacientes con TLP el poder hablar de estos síntomas, los cuales en muchas ocasiones no han podido comentar nunca con nadie a pesar de resultar importantes para entender toda su experiencia interna. En el quinto epígrafe del segundo capítulo de este libro se han expuesto distintos instrumentos que ayudan a evaluar la presencia de sintomatología disociativa. En casos en los que la información sea contradictoria y no parece deberse a posibles síntomas disociativos, una buena estrategia es comentarle la propia contradicción al paciente, pero sin cuestionarle y pidiendo su opinión. En caso de que la contradicción continúe sin resolverse, se recomienda tenerla presente a lo largo de las sesiones e ir completando la historia con la información que se vaya haciendo accesible, aprovechando estas experiencias en las que el malestar del paciente fluctúa para psicoeducar al paciente.

Cuando los recuerdos son parciales, muchas veces ello nos informa que el paciente no puede tolerar el trauma asociado. En estos casos, lo recomendable es no forzar a recuperar la información. A medida que se vayan trabajando los distintos objetivos terapéuticos y recursos en el paciente, esta información irá siendo cada vez más accesible y el paciente podrá ir ampliando su ventana de tolerancia. Una buena forma de recuperar información bloqueada es a través de la expresión gráfica con imágenes, pidiendo al paciente que dibuje el evento, pues a veces aspectos relacionados con memorias traumáticas que no están accesibles a nivel verbal pueden estar más accesibles a través del dibujo.

SITUACIÓN 9. EL PACIENTE CON TLP TIENE MIEDO DE NO SER APTO O CAPAZ PARA AFRONTAR EL PROCESO TERAPÉUTICO

CARACTERÍSTICAS DE LA SITUACIÓN

Hay que tener en cuenta que los pacientes que tienen TLP a menudo tienen la sensación de no ser capaces, aptos o útiles, llegando a considerarse a sí mismos como personas que hacen todo mal. Por otro lado, también puede ocurrir que se sientan abrumados emocionalmente y sientan que no están en las condiciones óptimas para poder abordar un proceso terapéutico, o bien tener estas creencias muy enraizadas debido a experiencias pasadas.

OBJETIVOS DE INTERVENCIÓN

— Informar al paciente sobre las características del TLP.
— Empatizar con el paciente e informar sobre el ritmo del proceso ajustado de manera individual.
— Trabajar las defensas que puedan estar asociadas a las experiencias de otros tratamientos realizados en el pasado.

RECOMENDACIONES PARA LA INTERVENCIÓN

Lo primero es explorar qué sostienen esas creencias. Si el paciente se siente desbordado emocionalmente, habría que explicarle que lo primero que se va a hacer es darle recursos para que se pueda sentir mejor. Una vez que esto suceda, se irán abordando el resto de los objetivos a medida que sea posible y siempre trabajando dentro de su ventana de tolerancia. En caso de que haya tenido una mala experiencia con algún tipo de proceso terapéutico en el pasado, es necesario explorar qué pasó, para que esto no interfiera en el nuevo proceso terapéutico, y abordar desde el inicio todas las preocupaciones del paciente asociadas al nuevo proceso terapéutico. A veces incluso hay experiencias traumáticas asociadas que es preciso abordar. Si no hay defensas asociadas a otras experiencias o no presenta un estado emocional que lo abrume, lo que suele ocurrir es la activación de creencias habituales asociadas al cuadro del TLP, como «soy un completo desastre» o «no sé hacer nada bien». En ese caso hay que indicarle que dichas creencias están asociadas a su diagnóstico, y que ello no significa que la realidad vaya a ser así. Hay que aprovechar este momento para psicoeducar y trabajar las ideas irracionales que pueden estar activándose, para ayudarle a reestructurarlas. Una buena forma de bajar la intensidad emocional asociada a estas creencias es buscar alguna situación en la que se haya sentido capaz. Un posible método es elaborar una caja con recursos que evoquen este tipo de emociones a reforzar, para hacerlas físicas y tenerlas más presentes.

SITUACIÓN 10. EL PACIENTE CON TLP TIENE REACCIONES EMOCIONALES MUY INTENSAS DURANTE LA ENTREVISTA

CARACTERÍSTICAS DE LA SITUACIÓN

Al comenzar con la entrevista y pedir información personal a los pacientes, a veces podemos encontrar que alguno tiene una abreacción o reacción emocional intensa al hablar de un determinado suceso. Por ejemplo, en pacientes con TLP suele ocurrir que empiezan a sentirse bloqueados o disociados, o a referir un malestar que se escapa de su ventana de tolerancia, llegando incluso a verbalizar ganas de hacerse daño, por ejemplo.

OBJETIVOS DE INTERVENCIÓN

— Informar de manera anticipada de la posibilidad de la ocurrencia de estas reacciones emocionales intensas o abreacciones y normalizarlas.
— Trabajar límites adaptativos desde el inicio de las sesiones.
— Entrenar con el paciente estrategias de autorregulación y recursos que le permitan sentirse seguro y/o tranquilo al menos durante la sesión.

RECOMENDACIONES PARA LA INTERVENCIÓN

Lo primero que hay que tener en cuenta es que el terapeuta esté preparado para tolerar estas reacciones emocionales intensas y para manejarlas. Es muy importante no interrumpir las reacciones emocionales intensas o abreacciones de los pacientes, y nunca concluir la sesión hasta que el paciente haya finalizado con la abreacción y tenga la mínima perturbación posible antes de abandonar la consulta. Siempre hay que tratar de que termine la sesión con un estado de ánimo más estable que con el que la comenzó.

Si ocurren estas reacciones emocionales intensas, se recomienda empatizar con el paciente indicando que la experiencia parece muy dolorosa y que si quiere parar puede hacerlo, que no tiene por qué comentar todo en un mismo momento y que lo importante es que siempre trabajemos dentro de su ventana de tolerancia (y si es necesario en este momento recordarle este concepto). Se puede pactar con el paciente una señal para parar, como por ejemplo levantar la mano, cuando el paciente se sienta fuera de su ventana de tolerancia, dándole control activo que le ayude a detectar su umbral de malestar tolerable. Es importante estar atentos a su conducta no verbal e ir anticipándose a las necesidades que puedan surgir, como acercarle un pañuelo en caso de que lo necesite o preguntar si quiere beber agua. Si vemos que su umbral de tolerancia es bajo, será necesario priorizar el trabajo de recursos y estrategias que le ayuden a la autorregulación. A veces la propia abreacción puede hacerles conectar con algún pensamiento de muerte o sentir necesidad autolítica que hay que abordar de manera inmediata y ver qué emoción es la que dispara estos pensamientos, volverlo a situar en su ventana de tolerancia y evaluar el riesgo. Una buena estrategia para manejar abreacciones en consulta es orientar al paciente hacia el presente, recuperar una cierta estabilidad y poner en práctica alguno de los recursos previamente entrenados.

Para que el paciente vaya entrenando su orientación en el presente se le puede indicar que use aplicaciones móviles que contienen distintos tipos de ejercicios de conciencia plena y conexión con el presente, como Insight Timer o Pura Mente[1]. A modo de ejemplo, puede verse la actividad práctica propuesta en el recurso 4 (ejercicio de los 4 elementos) o las técnicas para permanecer anclados en el presente recogidas en el recurso 5, ambos descritos en el capítulo 11 de este libro.

Situación 11. El paciente con TLP se disocia durante la entrevista

Características de la situación

En las consultas, es relativamente frecuente encontrarse con pacientes con TLP con sintomatología disociativa comórbida e incluso con un trastorno disociativo comórbido (Mosquera, 2013; Mosquera y González, 2014). A grandes rasgos, la disociación se entiende como un mecanismo de defensa a nivel psicológico que facilita el escape del malestar que generan estímulos y emociones relacionados con el trauma no resuelto (Fuller-Tyszkiewicz y Mussap, 2008; Vanderlinden et al., 1993).

Objetivos de intervención

— Incluir en la fase de evaluación la evaluación de sintomatología disociativa.
— Informar al paciente sobre la sintomatología disociativa.
— Dar pautas para manejar la sintomatología disociativa.

Recomendaciones para la intervención

Lo primero sería estabilizar al paciente y conectarlo con el presente, explicarle lo que le ha pasado y evaluar la posibilidad de un trastorno disociativo para tenerlo en cuenta en la intervención. Para la evaluación

---

[1] Disponibles en Google store o Apple store.

pueden usarse instrumentos como la escala de experiencias disociativas (DES-II; Bernstein y Putnam, 1986; Carlson y Putnam, 1993), el cuestionario sobre disociaciones somatoformes (SDQ-20; Nijenhuis et al., 1996, 1998), el cuestionario de disociación (DIS-Q; Vanderlinden et al., 1993) o el inventario de distanciamiento y compartimentación (CDI; Butler et al., 2019; adaptado por Perona-Garcelán et al., 2021), todos ellos descritos, junto a otros, en el quinto epígrafe del segundo capítulo de este libro. Para manejar la disociación en sesión se puede recurrir a realizar con el paciente ejercicios de enraizamiento que le ayuden a conectar con el presente. Por ejemplo, se pueden usar estrategias como ser consciente del propio cuerpo o del entorno físico en el que se encuentra el paciente, indicando por ejemplo que se fije en todos los objetos rojos que hay en la estancia o que toque con una mano su camiseta y con la otra la mesa y verbalice la diferencia de las texturas..., que asiente los pies en el suelo y los note, o hacer ejercicios de conciencia plena. En el recurso 5 de este libro se pueden encontrar diversas técnicas que ayudan a los pacientes a permanecer anclados en el presente, o recurrir a la realización del ejercicio de los 4 elementos para reducir el estrés, disponible en el recurso 4, descritos ambos en el capítulo 11 de este libro.

SITUACIÓN 12. EL PACIENTE CON TLP SE NIEGA A HABLAR DE SUCESOS PREVIOS DE SU VIDA Y SE CENTRA EN QUE SOLO NECESITARÍA OBTENER UNA DETERMINADA COSA PARA QUE TODO LE VAYA BIEN

CARACTERÍSTICAS DE LA SITUACIÓN

Algunos pacientes se muestran reacios a comentar aspectos de su vida pasada que consideran que no están vinculados con el motivo de consulta que han alegado, y tratan de centrar su discurso únicamente en lo que creen que es necesario cambiar u obtener. A veces esto ocurre por las propias características clínicas TLP, pues muchas personas con TLP recurren al pensamiento mágico de que una persona, cosa, lugar, idea o conducta puede hacer que todos los problemas desaparezcan de manera instantánea (Mosquera, 2013).

Objetivos de intervención

— Informar al paciente de la necesidad de ampliar la información para poder atender su demanda de la mejor forma posible.
— Explorar posibles miedos o creencias que puedan estar impidiendo que comente sobre otros aspectos de su vida.
— Explicar el pensamiento mágico como característica que a veces está presente en el TLP.

Recomendaciones para la intervención

Es importante hacer saber amablemente a los pacientes la importancia de conocer su historia pasada para poder ayudarlos. Es de gran ayuda poner un ejemplo de un caso diferente en el que se vea que otros sucesos anteriores tuvieron relación con el motivo de consulta actual, para que lo puedan ver de una forma más objetiva. Si hay algún tipo de miedo, como remover traumas no resueltos, es bueno empatizar con el paciente y darle tiempo a que se sienta seguro para abordar esas circunstancias en otro momento. A veces aparece una vergüenza patológica que conecta con creencias relacionadas con sentirse defectuoso o malo, y esto le impide comentar sus sucesos vitales de una manera tranquila. Ante esta situación es importante, desde el inicio de las sesiones, mostrar al paciente una validación incondicional que vaya promoviendo un modelo de apego seguro.

Por otro lado, los pensamientos mágicos con frecuencia tienen relación con que otras personas arreglen su malestar, por lo que es un buen momento para psicoeducar desde el inicio de la intervención sobre las características del TLP, sobre la diferenciación e indicar las cosas sobre las que un paciente tiene control y las que no. Por ejemplo, la persona con TLP puede indicar que todo su malestar se iría si obtuviese un perrito como mascota o si su expareja volviese con ella. En este sentido, es importante indicar al paciente en qué consiste este pensamiento mágico y lo dañino que puede ser, al basar su seguridad y su bienestar en algo que es externo a él y que su base segura tiene que estar dentro de sí mismo, no pudiendo depender de la obtención o de la no obtención de algo externo.

Situación 13. El paciente con TLP amenaza al terapeuta con suicidarse

Características de la situación

En ocasiones, el terapeuta puede sentirse atacado o chantajeado por las amenazas de suicidio del paciente con TLP y puede llegar a recibir mensajes como: «Ya me ha quedado claro que no tengo solución, al final piensas lo mismo que todos, no merece la pena seguir así, despídete de mis padres por mí».

Objetivos de intervención

— Dar la responsabilidad de sus actos al paciente.
— Establecer límites y formas de pedir ayuda de manera adaptativa.
— Evitar la contratransferencia.

Recomendaciones para la intervención

Ante este tipo de situaciones, es fácil que un terapeuta poco experimentado se sienta chantajeado, manipulado o incluso se culpabilice por sentir cierta incapacidad a la hora de ayudar a estos pacientes. Es importante que el terapeuta no transgreda los límites profesionales por miedo a que el paciente se acabe haciendo daño. Debe redirigir la situación, estableciendo límites y una buena comunicación con el paciente. Para ello hay que evitar ceder a demandas poco razonables, como despedir a los familiares a petición suya. En su lugar, el terapeuta debe entender este tipo de comportamientos en los pacientes con TLP, ya que, en muchos casos, ni siquiera son conscientes de cómo su comportamiento puede llegar a afectar a los demás; no lo hacen por generar molestias al terapeuta, sino que es parte de la clínica del trastorno. Por ello, se recomienda preguntar al paciente por los disparadores, darle una explicación y establecer límites adaptativos, llegando a acuerdos mutuos de actuación ante este tipo de situaciones, por ejemplo si algo le molesta o le perturba de la terapia. Si no se puede esperar a la siguiente sesión, el terapeuta puede proporcionar al paciente una vía de comunicación más inmediata para comentar sus miedos. Es importante que al paciente con

TLP le quede claro desde un inicio que si se daña o se quita la vida, el único responsable será él mismo, no otras personas como familiares o el propio terapeuta.

SITUACIÓN 14. EL PACIENTE CON TLP CUESTIONA LA COMPETENCIA DEL TERAPEUTA

CARACTERÍSTICAS DE LA SITUACIÓN

En algunas ocasiones, podemos encontrar a pacientes con TLP que cuestionan la valía del terapeuta (Mosquera, 2013; Mosquera y González, 2014), indicando que no saben tratarlos, o bien se consideran a ellos mismos como casos muy difíciles a los que el terapeuta no va a poder ayudar.

OBJETIVOS DE INTERVENCIÓN

— Empatizar, validar e informar al paciente.
— Evitar la contratransferencia.

RECOMENDACIONES PARA LA INTERVENCIÓN

Cuando un paciente con TLP llega a nuestras consultas, con frecuencia ya ha pasado por un largo peregrinaje de sanitarios, terapeutas y recursos de intervención. Esto es especialmente importante tenerlo en cuenta para entender este tipo de situaciones, ya que puede que se hayan sentido poco ayudados e incluso cuestionados en tratamientos anteriores. Estos comentarios, sobre todo al inicio del tratamiento, no hay que personalizarlos, sino entenderlos con base en su historia. Son personas que se han sentido y se sienten muy solas, y que han visto cómo otros tratamientos en los que confiaban no han resultado exitosos, por lo que cada vez van generando más formas de protección. Ver todo esto con el paciente y empatizar con él hace que esas defensas se relajen y que él mismo pueda entender el motivo de su percepción desde la validación de su experiencia. Es importante que el terapeuta evite culpabilizarse o culpar a los pacientes con TLP de esta supuesta incapacidad. En su lugar, tras el proceso de entendimiento y validación se recomienda comunicar al paciente que es un proceso nuevo, que es normal que tenga sus dudas por los resultados pasados, pero que ahora no tienen por qué ser los mismos. Además, es preciso indicarles que el terapeuta tiene experiencia en el trabajo de casos similares al suyo y que puede ir viendo qué tal le va pareciendo la intervención propuesta, pero que para ello tiene que tratar de confiar en el terapeuta y en el proceso.

SITUACIÓN 15. EL PACIENTE CON TLP TRANSMITE AL TERAPEUTA QUE ES LA ÚNICA PERSONA QUE LE PUEDE AYUDAR Y COMPRENDER, Y QUE SIN ÉL NO PODRÍA SEGUIR CON SU VIDA

CARACTERÍSTICAS DE LA SITUACIÓN

En algunas ocasiones podemos ver en consulta a pacientes con TLP que idealizan desde el inicio a su terapeuta como si fuera una especie de salvador que lo va a rescatar de los problemas que acontecen en su vida (Mosquera y González, 2014).

OBJETIVOS DE INTERVENCIÓN

— No reforzar el rol de rescatador asignado por el paciente.
— Explorar y trabajar las defensas que pueden estar debajo de dicho comportamiento, como la idealización.

RECOMENDACIONES PARA LA INTERVENCIÓN

En ocasiones, los pacientes con TLP pueden trasladar desde el inicio de las sesiones la responsabilidad de todo su futuro al terapeuta, incluso de manera directa mediante comentarios en los que verbalice que el terapeuta es la única persona que puede ayudarles. Estas fantasías en las que sienten que van a ser rescatados a veces ocurren cuando los pacientes con TLP se han criado en un ambiente desadaptativo. Por ello, es muy importante que el terapeuta no asuma dicha responsabilidad y explore qué se puede estar activando en el paciente. Es frecuente que haya defensas activas como la idealización. El trabajo en terapia debe ir dirigido a desarrollar su autonomía y enseñarle a tolerar y asumir su responsabilidad de adulto para que vaya recuperando poco a poco el control de su vida.

SITUACIÓN 16. EL PACIENTE CON TLP PRESENTA CONDUCTAS HIPERSEXUALIZADAS O SEDUCTORAS HACIA EL TERAPEUTA

CARACTERÍSTICAS DE LA SITUACIÓN

En otras ocasiones nos encontramos con pacientes diagnosticados con TLP que muestran conductas seductoras hacia el terapeuta. Este fenómeno puede atribuirse a que algunos individuos con TLP tienen una historia de relaciones caracterizadas por comportamientos hipersexualizados o por una focalización en lo sexual, lo cual puede trasladarse al ámbito terapéutico (Mosquera y González, 2014). Esta situación se manifiesta a través de relatos sumamente detallados sobre experiencias sexuales, una falta de límites interpersonales evidente e incluso la interpretación de la atención brindada por el terapeuta como un gesto de interés romántico.

OBJETIVOS DE INTERVENCIÓN

— Explicar al paciente su funcionamiento, para que pueda entenderlo con base en su historia.
— Establecer límites adecuados y adaptativos.
— Reparar los problemas de apego.

RECOMENDACIONES PARA LA INTERVENCIÓN

Aunque ante estas situaciones fácilmente el terapeuta se puede sentir incómodo y querer derivar el caso, es importante tener en cuenta que esta acción reforzará la sensación de abandono y negligencia que sufrió probablemente el paciente con TLP en su infancia. En su lugar, lo recomendable es entender dicha conducta como una reproducción generalizada de su forma de relacionarse y explicárselo al propio paciente con base en su historia. Es frecuente que haya mucha relación con el haberse sentido invisible, encontrando en estas conductas hipersexualizadas la forma de hacerse visibles, o bien que hayan sufrido experiencias de abuso sexual, las cuales hayan derivado en un aprendizaje sexual disfuncional. Entender esto facilita que el paciente encuentre formas más adaptativas de pedir ayuda y atención al terapeuta, y entienda la necesidad de establecer límites adecuados en la terapia para su correcto funcionamiento. Por supuesto, el terapeuta nunca debe responder a estas demandas hipersexualizadas o seductoras, ya que ello supondría un grave problema tanto ético como para la recuperación del paciente. Lo que suele estar debajo de todo este abanico de comportamientos es una herida de apego que hay que trabajar cuando el paciente esté preparado para ello, por ejemplo a través de abordajes empleados para el trabajo del trauma.

6

Situaciones en la fase de análisis funcional

SITUACIÓN 1. EL PACIENTE CON TLP NO ESTÁ DE ACUERDO O ENCUENTRA DIFICULTADES EN ENTENDER EL ANÁLISIS FUNCIONAL DE SU PROBLEMA

CARACTERÍSTICAS DE LA SITUACIÓN

Es importante explicar y asegurarnos que el paciente entiende el análisis funcional de su caso, explicándole cómo vemos su problema y qué variables están implicadas en el inicio y mantenimiento del mismo. Sin embargo, hay veces que el paciente no logra comprender la relación de las variables que se le exponen en el análisis funcional de su caso, o bien no está de acuerdo total o parcialmente con el análisis funcional expuesto sobre su caso.

OBJETIVOS DE INTERVENCIÓN

— Explicar de varias formas el análisis funcional, facilitando la comprensión del análisis funcional.
— Comprobar que el paciente entiende el análisis funcional sobre su caso y atender las dudas sobre el mismo.
— Aportar información empírica sobre los puntos en los que el paciente no se muestra de acuerdo.

RECOMENDACIONES PARA LA INTERVENCIÓN

Siempre hay que tener en cuenta, en cualquier explicación que se realice al paciente, que el lenguaje empleado debe ser adecuado al vocabulario que maneje dicho paciente. Si vemos que tras una primera explicación hay problemas de comprensión, se volvería a intentar explicar de una forma más sencilla. Se pueden explorar diferentes formas de mostrar el análisis funcional, como a través de diagramas y figuras que ayudan a hacerlo más visual. Es importante asegurarse de que el paciente entienda y acepte dicha explicación. Una buena forma de comprobarlo es pidiéndole que explique su análisis funcional una vez que haya terminado de exponerlo el terapeuta. Para ello le podemos preguntar, por ejemplo: «Una vez dicho todo esto, ¿me podrías decir con tus palabras por qué crees que te pasa lo que te pasa?». Es importante repetir la explicación las veces que haga falta hasta que se entienda. A veces ayuda poner como ejemplos otros casos.

Si el paciente entiende el análisis funcional, pero no está de acuerdo, es recomendable preguntar los motivos y preguntarle si él tiene alguna hipótesis sobre su problemática. Una vez expuesta su explicación se aconseja añadir y justificar la información no incluida sobre su explicación previa para facilitar la comprensión. Si el análisis funcional sigue aceptándose parcialmente, se aconseja preguntar al paciente el motivo de su rechazo e intentar explicar el análisis funcional desde otro modelo y aportar información empírica.

SITUACIÓN 2. LOS FAMILIARES O ALLEGADOS DEL PACIENTE CON TLP NO ESTÁN DE ACUERDO CON EL ANÁLISIS FUNCIONAL O ENCUENTRAN DIFICULTADES EN ENTENDER SU PAPEL EN EL PROBLEMA DEL PACIENTE

CARACTERÍSTICAS DE LA SITUACIÓN

Es habitual integrar en el proceso de intervención a los familiares o allegados de las personas con TLP. En ocasiones, cuando se les explica el análisis funcional del caso pueden no estar de acuerdo e incluso mostrar cierto rechazo parcial o total al análisis funcional propuesto para el caso.

OBJETIVOS DE INTERVENCIÓN

— Explicar de varias formas el análisis funcional hasta que se entienda lo expuesto sobre el caso.
— Intentar conseguir un acuerdo entre todas las partes implicadas.
— Comprobar que los familiares y allegados estén de acuerdo con el análisis funcional propuesto.

— Aportar información empírica sobre los puntos en los que haya discrepancia.

— En caso de que no se consiga un acuerdo, es importante que, al menos, los familiares o allegados del paciente interfieran lo mínimo posible en el proceso terapéutico.

RECOMENDACIONES PARA LA INTERVENCIÓN

Al igual que cuando se explica el análisis funcional al paciente, siempre hay que tener en cuenta que el lenguaje empleado debe resultar adecuado al vocabulario que manejan los familiares o allegados. Si vemos que tras una primera explicación hay problemas de comprensión, se volvería a intentar explicar de una forma más sencilla, pudiéndose también en este caso explorar diferentes formas de mostrar el análisis funcional para asegurarse de que se entienda y se acepte dicha explicación, repitiendo la explicación las veces que haga falta. Si hemos comprobado que el análisis funcional se entiende, pero no es aceptado, es recomendable preguntar los motivos y si tienen alguna hipótesis sobre su problemática. Una vez expuesta su explicación, se aconseja añadir y justificar la información no incluida sobre su explicación previa para facilitar la comprensión y aportar información empírica sobre el análisis funcional del caso.

SITUACIÓN 3. TRAS LA EXPLICACIÓN DEL ANÁLISIS FUNCIONAL, EL PACIENTE CON TLP SE SIENTE DESESPERANZADO PENSANDO QUE SU VIDA NUNCA VA A MEJORAR

CARACTERÍSTICAS DE LA SITUACIÓN

En algunas ocasiones podemos ver en consulta a pacientes que tras recibir la explicación de su análisis funcional se pueden sentir desanimados y desesperanzados, pensando en todos los aspectos de su vida a modificar, y esto puede producir en ellos cierta tristeza, sentimientos de incapacidad y sensación de que no va a ser posible conseguir estar bien.

OBJETIVOS DE INTERVENCIÓN

— Empatizar con el paciente.
— Psicoeducar al paciente sobre las características del TLP y cómo estas pueden influir en esta percepción.
— Informar sobre la propuesta de intervención y la forma de proceder.

RECOMENDACIONES PARA LA INTERVENCIÓN

Si tras la explicación del análisis funcional vemos que el paciente presenta algún tipo de perturbación asociada, es importante preguntarle sobre qué está pasando y qué significa para él la explicación de su análisis funcional. En ocasiones, al escuchar todas las variables que influyen en su problemática en un mismo momento, se sienten abrumados y pueden conectar con creencias disfuncionales asociadas a su incapacidad. En estos casos es importante empatizar con ellos y explicarles por qué se sienten cómo se sienten, psicoeducando sobre las características del TLP asociadas e informarles del proceso de intervención por pasos, para que vayan viendo metas más alcanzables. También es importante recordarles que todo ese proceso lo harán con apoyo, que no van a estar solos y que es importante que confíen en sí mismos y en el propio proceso.

7

Situaciones en la fase de planteamiento de objetivos y técnicas de tratamiento

SITUACIÓN 1. EL PACIENTE CON TLP INSISTE EN TRABAJAR EXCLUSIVAMENTE SU MOTIVO DE CONSULTA, AUNQUE NO COINCIDA CON LOS OBJETIVOS PROPUESTOS POR EL TERAPEUTA

CARACTERÍSTICAS DE LA SITUACIÓN

En algunas ocasiones, puede que el motivo de consulta que el paciente con TLP cree que se debe abordar no coincida con los objetivos que el terapeuta propone, bien porque estos no se entiendan con base en su sintomatología o porque el propio paciente rechaza trabajar algún objetivo concreto por alguna razón.

OBJETIVOS DE INTERVENCIÓN

— Explicar y justificar el plan de trabajo con el fin de que el paciente lo entienda y esté de acuerdo.
— Fundamentar la conexión entre su sintomatología y los objetivos propuestos, comprobando que el análisis funcional del caso y la formulación clínica se entienden adecuadamente y el paciente está de acuerdo.
— Explorar y abordar las preocupaciones asociadas a enfrentarse con algunos de los objetivos propuestos, si se diera el caso.

RECOMENDACIONES PARA LA INTERVENCIÓN

Antes de comenzar la intervención es importante que el paciente esté de acuerdo y entienda bien el análisis funcional del caso, la formulación clínica y los objetivos propuestos por el terapeuta con base en la conceptualización del caso. Una buena forma de explorar la discrepancia es preguntando al propio paciente por qué cree que los objetivos que propone el terapeuta no le parecen adecuados y ver si hay discrepancia parcial o total. Hay que explorar los motivos de la discrepancia y abordarlos, aportando mayor información, clarificando dudas o trabajando posibles miedos asociados a enfrentarse a determinados objetivos o eventos traumáticos que han podido acontecer a lo largo de su vida. Si un paciente no está preparado para ver, asumir o hacer algo, hay que prepararlo hasta que esté listo. El paciente debe saber que en ningún caso se le va a presionar ni se le va a proponer nada que exceda de su ventana de tolerancia sin dotarlo antes de los recursos y herramientas necesarios.

SITUACIÓN 2. EL PACIENTE NO ESTÁ DE ACUERDO CON EL ORDEN EN EL QUE EL TERAPEUTA PROPONE ABORDAR LOS OBJETIVOS PROPUESTOS

CARACTERÍSTICAS DE LA SITUACIÓN

Una vez planteados los objetivos, puede que algunos pacientes no estén de acuerdo con el orden en el que el terapeuta propone abordarlos. Algunos pacientes con TLP suelen preferir que se trabajen otros objetivos. Esto, en ocasiones, está relacionado con la necesidad de conseguir obtener un objeto o hacer algo concreto como forma de solucionar todos sus problemas o solucionar un conflicto interpersonal concreto.

OBJETIVOS DE INTERVENCIÓN

— Comentar con el paciente las dudas o los aspectos con los que no esté de acuerdo y proporcionar información al respecto.
— En caso necesario, apoyar las decisiones del terapeuta con estudios previamente publicados sobre el tema o a través de otros ejemplos que permitan la comprensión y la justificación del orden propuesto.
— Explorar si el paciente tiene algún miedo asociado al abordaje de alguno de los objetivos propuestos.
— Reorganizar el orden de los objetivos en caso necesario.

Recomendaciones para la intervención

Lo primero que se recomienda es preguntar al propio paciente los motivos por los que piensa que el abordaje de los objetivos propuestos debería tener otro orden. Una vez que el paciente comente sus motivos, habría que facilitarle una explicación clara y justificada de por qué se propone el orden indicado. En caso de que no quiera abordar algún objetivo por miedo y esté planteado como objetivo prioritario, habría que abordar dicha emoción y reevaluar si ese objetivo se podría abordar en momentos posteriores, cuando el paciente esté más seguro y preparado para trabajar el mismo. Si no se pudiera postergar, es importante ver qué hay debajo de ese miedo, si puede estar asociado a una experiencia traumática no resuelta y trabajarla para que no perjudique el tratamiento.

Situación 3. El paciente ve los objetivos propuestos muy difíciles de alcanzar

Características de la situación

En ocasiones, una vez expuestos los objetivos del tratamiento puede ocurrir que el paciente con TLP se abrume al ver que son cuantiosos o complicados, e incluso se sienta desesperanzado por sentir que no va a poder cumplirlos.

Objetivos de intervención

— Establecer de manera conjunta con el paciente los objetivos y elaborarlos de una manera sencilla y clara.
— Explicar la importancia de los objetivos elegidos y su justificación.
— Explicar de manera clara y sencilla la forma de consecución de los objetivos y dividir el abordaje por fases.

Recomendaciones para la intervención

Es habitual que el paciente, si mantiene un estado de malestar al inicio de las sesiones y no se ve capaz de conseguir ningún objetivo, no pueda imaginarse libre de síntomas justo en ese momento. Por eso es importante empatizar con el paciente y explicarle cómo se va a proceder paso a paso, para que vea más plausible la consecución de objetivos. Muchas veces es de ayuda revisar los objetivos con él, explicar su justificación de manera sencilla y clara y argumentarle cómo se van a ir consiguiendo paso a paso. Se pueden anticipar al paciente los cambios que va a ir teniendo a medida que vaya alcanzando objetivos, de forma que cuando se lleguen a abordar los más complejos el paciente estará más preparado y con otros objetivos previamente solucionados.

SITUACIÓN 4. EL PACIENTE CON TLP O SUS FAMILIARES O ALLEGADOS TIENEN UNAS EXPECTATIVAS SOBRE EL TRATAMIENTO QUE NO SE AJUSTAN A LA REALIDAD

CARACTERÍSTICAS DE LA SITUACIÓN

A veces las expectativas que muestra el paciente con TLP o sus familiares o allegados sobre el tratamiento son poco realistas. Por ejemplo, en ocasiones centran en un único objetivo o en unos pocos la salvación a todos sus problemas, cuando lo cierto es que es preciso trabajar muchos otros. En otros casos, el paciente con TLP disiente de lo propuesto por el terapeuta, al no ver la relación que pueda tener, por ejemplo, su sintomatología actual con aspectos de su historia vital.

OBJETIVOS DE INTERVENCIÓN

— Ajustar las expectativas desde el inicio del tratamiento.
— Fundamentar la elección del tratamiento en base a la evidencia científica y a las particularidades del caso.

RECOMENDACIONES PARA LA INTERVENCIÓN

Es importante saber qué expectativas sobre el tratamiento tiene el paciente y las personas que vayan a estar implicadas, como sus familiares o allegados. Una buena forma de hacerlo es preguntarles lo que creen que se espera conseguir con el tratamiento. Si valoramos que las expectativas no se ajustan a la realidad, es importante ajustarlas con el paciente y las personas implicadas desde el inicio para conseguir una buena adherencia terapéutica a lo largo del todo el proceso de intervención y que haya los menos obstáculos posibles. Es importante ser completamente honestos con los pacientes a lo largo de todo el proceso terapéutico y fundamentar las respuestas con evidencia científica en la medida de lo posible, ajustándose al caso en concreto que se esté atendiendo. Si hay algo que el paciente o los familiares o allegados pretenden conseguir con la intervención, pero no es posible, el terapeuta debe indicarlo, proponiendo las opciones disponibles. Si aun así no lo entienden, será necesario evaluar un posible trabajo de aceptación.

SITUACIÓN 5. EL PACIENTE CON TLP O LOS FAMILIARES O ALLEGADOS IMPLICADOS EN EL TRATAMIENTO NO ENTIENDEN O NO ESTÁN DE ACUERDO CON LA UTILIDAD DEL TRATAMIENTO PROPUESTO

CARACTERÍSTICAS DE LA SITUACIÓN

Cuando el terapeuta propone el tratamiento a seguir, algunos pacientes con TLP o familiares o allegados que puedan estar implicados en el tratamiento muestran ciertas dudas sobre su beneficio por varias razones: pueden no entender bien los beneficios del tratamiento propuesto, pueden sentir que el esfuerzo que prevean que van a tener que hacer no les compense, por los beneficios estimados, o puede que haya alguna emoción que esté interfiriendo, como el miedo.

OBJETIVOS DE INTERVENCIÓN

— Ayudar a entender la utilidad del tratamiento propuesto.
— Explorar los motivos por los que alguna de las partes no acepta el tratamiento propuesto.
— En caso de que la primera intervención no se entienda o no sea aceptada, si el terapeuta lo cree conveniente y es posible podrá proponer otra alternativa de intervención.

RECOMENDACIONES PARA LA INTERVENCIÓN

Lo primero que se aconseja es comprobar la comprensión del tratamiento propuesto. Para ello se les puede indicar a los implicados, preferiblemente por separado, no de forma conjunta, que expliquen con sus palabras qué piensan de la opción planteada y qué han entendido y qué no, para así poder completar la información y resolver las dudas. Si tras esta clarificación se ve que existe un desacuerdo global con el tratamiento propuesto, se recomienda proponer una alternativa distinta, pero de igual eficacia, en caso de que la haya. Si las alternativas no son tan eficaces, hay que informar al paciente al respecto y acordar conjuntamente la propuesta de tratamiento dentro de las opciones válidas en dicho caso. Algunas veces lo que les impide aceptar el tratamiento propuesto puede ser el miedo a que haya consecuencias no deseadas de algún tipo o efectos secundarios, e incluso puede haber falta de confianza en las competencias del terapeuta por parte de alguno de los implicados. Estas barreras hay que abordarlas inmediatamente, para que no interfieran en el tratamiento. Una buena forma es empatizando con los implicados, dando información sobre la seguridad y pasos sucesivos del propio tratamiento, detectando y reestructurando las ideas irracionales que pueda haber al respecto e indicando una señal de seguridad en caso de que algo salga de su ventana de tolerancia, para que pueda tener un recurso de control.

SITUACIÓN 6. EL PACIENTE CON TLP TRATA DE AGRADAR AL TERAPEUTA EN TODO LO QUE LE DICE, LLEGANDO A ALABAR LA CAPACIDAD DEL PROFESIONAL DE MANERA EXAGERADA

CARACTERÍSTICAS DE LA SITUACIÓN

En algunas ocasiones podemos ver en consulta a pacientes con TLP a los que todo les parece bien y alaban todo aquello que les propone el terapeuta. Sin embargo, en muchas ocasiones la realidad es que están ocultando sus verdaderas emociones tan solo por agradar al terapeuta.

OBJETIVOS DE INTERVENCIÓN

— Evaluar la presencia de distintas defensas, como es el caso de la complacencia, para trabajarlas.

— Dar al paciente un espacio de seguridad para atender sus necesidades y opiniones, aunque no correspondan con la de otros, incluida la del terapeuta.
— Validar al paciente.

Recomendaciones para la intervención

Los pacientes con TLP con frecuencia tienen dificultades para confiar en los demás cuando han sufrido experiencias traumáticas en la infancia temprana. A veces esto les ha hecho creer que son malas personas, lo que les lleva en ocasiones a no mostrarse ante los demás, como una forma de proteger las relaciones. Piensan que, si se muestran como son, los demás los van a rechazar o se van a asustar, por lo que tienden a ser complacientes. Esta tendencia lo que va produciendo es que en realidad vayan acumulando sus verdaderas necesidades y opiniones, empeorando en algún momento su sintomatología. Por ello, es importante que el terapeuta tenga en cuenta este posible funcionamiento cuando se perciba una actitud de complacencia exagerada por parte del paciente con TLP, para trabajarla (véase el tercer epígrafe del segundo capítulo, dedicado a las defensas en el TLP) y fomentar la capacidad de atender sus necesidades y opiniones, así como su capacidad autoasertiva. Como recurso para trabajar la asertividad se recomienda el libro *La asertividad: expresión de una sana autoestima* (Castanyer, 1996).

8

Situaciones en la fase de planteamiento de aplicación del tratamiento

1. PROBLEMAS RELACIONADOS CON LA ADHERENCIA TERAPÉUTICA

SITUACIÓN 1. EL PACIENTE CON TLP FALTA A SESIONES SIN AVISAR, LLEGA TARDE SISTEMÁTICAMENTE O LAS APLAZA EN EL ÚLTIMO MOMENTO DE MANERA RECURRENTE

CARACTERÍSTICAS DE LA SITUACIÓN

En ocasiones, algunos pacientes con TLP pueden no avisar de que van a faltar a las sesiones programadas o llegan tarde sistemáticamente a la mayoría de las sesiones, o bien las aplazan recurrentemente en el último momento sin justificación aparente.

OBJETIVOS DE INTERVENCIÓN

— Informar al paciente de la situación y evaluar las causas, así como proponer posibles soluciones.
— En caso de que sea necesario, ajustar la frecuencia de las sesiones.

RECOMENDACIONES PARA LA INTERVENCIÓN

Algunos pacientes pueden no avisar de que van a faltar a las sesiones programadas, normalmente porque se sienten mal o porque sienten de manera precipitada que es prioritario otro plan que coincide en el tiempo con la sesión. Que estos sucesos ocurran de manera esporádica y justificada no supone un problema, pero es importante siempre asegurarse de transmitir la política de cancelaciones y fomentar la adherencia al tratamiento, indicando la importancia de priorizar su trabajo personal sobre otras cuestiones menos relevantes. Por otro lado, que lleguen tarde sistemáticamente a la mayoría de las sesiones, o que las aplacen recurrentemente en el último momento, puede ser indicativo de que está activo algún tipo de defensa, como la evitación (en el tercer epígrafe del segundo capítulo de este libro pueden verse las defensas en el TLP), o algún miedo o problema que está interfiriendo en el desarrollo normal de las sesiones. Es conveniente explorarlo, haciendo reflejo de lo que estamos observando para preguntarle los motivos y ver qué puede estar debajo y trabajarlo. Es importante también evaluar si en la última sesión el paciente se fue con una perturbación excesiva o si tuvo días posteriores muy difíciles como efecto de esa última sesión. Será preciso analizarlo, darle información y abordar este tipo de situaciones para que no perjudiquen al paciente, si se volviesen a dar.

Situación 2. El paciente con TLP acude habitualmente a consulta sin seguir las pautas o sin hacer las tareas encomendadas de una sesión para otra

Características de la situación

En casos en los que tanto las pautas como las tareas propuestas por el terapeuta no se realizan de manera sistemática, es necesario ver con el paciente los motivos y proponer alternativas en caso de que sea posible. Es importante valorar y explicar el papel de la impulsividad y la inestabilidad afectiva dentro del diagnóstico y cómo ello puede estar afectando a la hora de seguir determinadas pautas.

Objetivos de intervención

— Conseguir que el paciente realice las tareas propuestas.
— Evaluar las posibles dificultades que están impidiendo que el paciente pueda realizar las tareas y proponer tareas alternativas en caso necesario.

Recomendaciones para la intervención

Lo primero que hay que analizar es si las tareas suponen una interferencia importante en la vida del paciente o si son incompatibles con algún aspecto de su ritmo de vida o su entorno, así como evaluar el grado de complejidad, ya que puede no sentirse preparado para hacer una determinada tarea. En tal caso, se recomienda proponer una alternativa de menor complejidad e ir aumentando dicha complejidad de manera gradual a medida que el paciente lo va tolerando o se va sintiendo capacitado. Es importante tener en cuenta también que en casos de TLP puede estar interfiriendo en el seguimiento de las pautas una alta impulsividad o cierta inestabilidad afectiva, o incluso puede haberse activado alguna defensa que habría que abordar para que el paciente sienta más control sobre su conducta.

Situación 3. El paciente con TLP o los familiares o allegados implicados en la intervención dudan de la capacidad del terapeuta

Características de la situación

Las personas que tienen TLP se sienten solas e incomprendidas y en ocasiones les cuesta confiar en otros. Les da mucho miedo seguir sufriendo y pueden tener defensas muy activas para ayudar a protegerse, sobre todo si hay trauma de apego no resuelto. También puede ocurrir que si hay familiares o allegados implicados en la intervención también desconfíen de la capacidad del terapeuta, o bien que el paciente confíe pero los familiares y allegados no. En cualquier caso, es importante que el paciente confíe en el terapeuta y en sus capacidades para que este pueda ayudarle en la solución de sus problemas, así como para controlar las posibles dificultades que puedan surgir en el tratamiento en caso de que sean los familiares o allegados implicados los que no confíen.

Objetivos de intervención

— Empatizar con el paciente y los familiares o allegados implicados y explicar las dudas necesarias que estén vinculadas a la desconfianza hacia el terapeuta.
— Proporcionar pautas a los familiares y allegados para que no interfieran en el proceso de intervención si se mantiene su desconfianza.

Recomendaciones para la intervención

Es importante empatizar con el paciente, los familiares o allegados implicados, con su dolor y su malestar, e informar correctamente de que el terapeuta posee las habilidades y competencias necesarias para poder ayudarles. Si al explorar los motivos de desconfianza hay algún prejuicio, falta de información sobre algún aspecto o malas experiencias con otros terapeutas pasados, hay que abordar prioritariamente estos aspectos para que no influyan en la adherencia terapéutica del paciente. Es importante expresar la aceptación de la experiencia emocional del paciente y/o de sus familiares o allegados, y normalizar su desconfianza en los casos en los que haya una mala experiencia previa, a la vez que se les debe recordar que este es un proceso nuevo, que los problemas pasados se tendrán en cuenta para no repetirlos y que el contexto terapéutico es un espacio seguro para poder aliviar su malestar. Si los familiares o allegados siguen manifestando su desconfianza, pero no el paciente, es importante al menos llegar a un acuerdo con ellos para que no interfieran en el proceso terapéutico del paciente, y en caso necesario indicarles una serie de pautas que faciliten el proceso.

2. PROBLEMAS RELACIONADOS CON LA SINTOMATOLOGÍA Y OTROS TRASTORNOS COMÓRBIDOS

Situación 4. El paciente con TLP informa de que se siente peor desde que se iniciaron las sesiones de intervención

Características de la situación

En algunas ocasiones, el paciente con TLP o incluso su familia puede indicar que la sintomatología ha empeorado. Esto puede ocurrir y deberse a diversas causas: cuando un paciente inicia un proceso terapéutico puede tener muy activo su sistema de protección, ya que el terapeuta es un nuevo vínculo y esto a priori puede suponer una situación amenazante para el paciente (en el tercer epígrafe del segundo capítulo de este libro pueden verse las defensas en el TLP) y generar síntomas; también se pueden activar miedos, especialmente al rechazo o a ser abandonado por parte del terapeuta, o bien puede haberse sobrepasado la ventana de tolerancia del paciente en el trabajo de la sesión anterior u ocurrido un nuevo suceso que le haya generado mucha perturbación en ese momento temporal.

OBJETIVOS DE INTERVENCIÓN

— Anticipar al paciente la posibilidad de un incremento del malestar al inicio del proceso y explicar los motivos asociados, así como la forma de proceder.
— Evaluar si la intervención está siendo demasiado intensa para el paciente y reevaluar el ritmo de intervención en caso necesario.
— Evaluar la posibilidad de que haya defensas que haya que trabajar.
— Evaluar la posibilidad de que hayan surgido miedos o creencias irracionales que puedan repercutir en el tratamiento, para poder abordarlas desde el inicio.
— Explorar si en la actualidad está ocurriendo algún suceso que haya contribuido a la agudización de sintomatología en el paciente; en caso de haber ocurrido algún suceso de interés, será preciso integrar su abordaje en el plan de tratamiento.

RECOMENDACIONES PARA LA INTERVENCIÓN

La aparición de sintomatología o la agudización de la misma siempre es indicativo de que algo está ocurriendo. Ante esto, lo primero es evaluar qué puede estar ocurriendo para ver qué tipo de intervención es la más adecuada e inmediata. Si se aprecia alguna defensa, es importante identificarla correctamente e informar sobre su funcionamiento. También hay que valorar si hay que adecuar la intensidad y/o la frecuencia de las sesiones, o si se está abordando algún aspecto para el que el paciente no esté lo suficientemente preparado y que se salga de su ventana de tolerancia. Lo importante es trabajar siempre dentro de esta ventana y entender sus defensas basándose en su historia. En estos momentos puede ser de utilidad trabajar algún recurso o alguna estrategia de regulación. Si lo que está activando al paciente son miedos frecuentes en el TLP, como el ser rechazado o abandonado, es importante abordarlos desde el inicio, explicando al paciente por qué aparecen estos miedos, darle herramientas de manejo y reestructurar las ideas irracionales asociadas a los mismos. En caso de que haya surgido un nuevo suceso que explique la sintomatología, habría que integrarlo en el plan de tratamiento y hacer una reformulación del caso.

SITUACIÓN 5. EL PACIENTE CON TLP INFORMA, UNA VEZ COMENZADA LA INTERVENCIÓN, DE SÍNTOMAS QUE PREVIAMENTE SE DESCONOCÍAN O DE SUCESOS VITALES QUE PREVIAMENTE NO SE HABÍAN COMENTADO EN LA FASE DE EVALUACIÓN

CARACTERÍSTICAS DE LA SITUACIÓN

Puede ocurrir que una vez iniciada la intervención vaya apareciendo nueva información vital o nueva sintomatología, bien porque previamente fuera información que no estuviera accesible o bloqueada o bien porque no se consideraba importante de cara a la intervención.

OBJETIVOS DE INTERVENCIÓN

— Incorporar el material nuevo a la información del caso y reformularlo, así como los objetivos en caso necesario.
— Integrar el abordaje del nuevo material en el tratamiento del caso.

RECOMENDACIONES PARA LA INTERVENCIÓN

El proceso de evaluación del caso debe ser continuo y dinámico, incorporando la información que se va haciendo accesible y reformulando el caso. Es importante contemplar toda la información nueva, sin excepción, y ver la conexión que puede tener con la sintomatología del paciente, para volver a planificar la intervención en caso necesario. Si no se ha realizado previamente, también es importante valorar la posibilidad de que presente sintomatología disociativa (véase el quinto epígrafe del segundo capítulo de este libro sobre la evaluación y diagnóstico del TLP), y en tal caso integrar el trabajo de dichos síntomas en el plan de tratamiento del paciente.

SITUACIÓN 6. EL PACIENTE CON TLP INFORMA DE QUE LO PASA MUY MAL TRAS LAS SESIONES

CARACTERÍSTICAS DE LA SITUACIÓN

Si un paciente con TLP indica que tras las sesiones tiene días de mucho malestar, ello puede ser indicativo de que se está trabajando fuera de su ventana de tolerancia, incluso aunque el propio paciente no lo exprese o ni siquiera lo crea. De hecho, por sus características clínicas, es fácil que muestre hiperactivación e hipervigilancia.

OBJETIVOS DE INTERVENCIÓN

— Recordar al paciente los recursos de autorregulación y afrontamiento que se entrenaron, para controlar esos momentos de malestar.
— Enseñar al paciente a detectar cuándo la perturbación se va acercando a los bordes de su ventana de tolerancia.
— Entrenar nuevas estrategias de autorregulación para bajar el nivel de hiperactivación e hipervigilancia.
— Ajustar la intensidad de las intervenciones.

RECOMENDACIONES PARA LA INTERVENCIÓN

Antes de avanzar con la intervención conviene preguntar al paciente, al inicio de cada sesión, el estado que ha tenido durante la semana, para valorar el ritmo e intensidad de la misma y así poder ajustarlo en caso necesario. Es importante valorar si es necesario disminuir las exigencias de las actividades/objetivos planteados, para adecuarlos al esfuerzo que el paciente puede asumir según el momento de la intervención. Habría que explorar qué es lo que le está perturbando, para valorar si hay que hacer algún tipo de intervención concreta, por ejemplo en los casos en los que se haya tocado material traumático para el que no esté preparado el paciente. También puede ocurrir que se haya conectado con alguna emoción que le genere fobia. En tal caso habría que ver qué material vital está conectado con la misma y valorar su abordaje para poder seguir con el proceso. Si la ansiedad que presenta es muy elevada, se recomienda bajar la hiperactivación y la hipervigilancia tanto a nivel físico como cognitivo, emocional y conductual. Para ello se puede enseñar al paciente a relajarse a través de ejercicios respiratorios, a través de la relajación progresiva de Jacobson o relajaciones autógenas a nivel conductual, o bien, si la ansiedad tiene un componente cognitivo importante, se le pueden enseñar algunas estrategias cognitivas, como detectar las ideas irracionales y distorsiones cognitivas, reestructurar los pensamientos irracionales o usar la técnica de parada de pensamiento, entre otras.

SITUACIÓN 7. TRAS UN NÚMERO CONSIDERABLE DE SESIONES, EL PACIENTE CON TLP NO MEJORA LO ESPERADO E INCLUSO EMPEORA

CARACTERÍSTICAS DE LA SITUACIÓN

En ocasiones puede ocurrir que, tras un número considerable de sesiones de intervención, en lugar de producirse una mejoría en el paciente, se mantenga sin mejoras o incluso se produzca un empeoramiento de su sintomatología. Esto puede ocurrir por diversos motivos, como que la situación vital, sentimental, laboral o social del paciente empeore en un punto del transcurso de la intervención o que se estén abordando objetivos más complicados de los que puede asumir en el momento concreto de la intervención en la que se encuentra. También puede ocurrir que exista algún problema encubierto que no se esté teniendo en cuenta a la hora de abordar el caso.

OBJETIVOS DE INTERVENCIÓN

— Explorar qué puede estar influyendo en esta ausencia de mejoría o incluso empeoramiento de la sintomatología, y reorganizar la intervención en caso necesario.
— Evaluar la posibilidad de que haya sintomatología disociativa, si no se ha valorado previamente, e integrar su abordaje en el plan de tratamiento en caso necesario.
— Comprobar que se esté trabajando dentro de la ventana de tolerancia del paciente.

Recomendaciones para la intervención

Es importante explorar los cambios que se estén produciendo en la vida del paciente una vez iniciado el tratamiento y reevaluar los objetivos planteados, para ver si es necesario establecer una reformulación de los mismos. También es importante evaluar si el tipo de tareas o actividades que se han ido llevando a cabo son adecuadas, en función de los recursos del paciente y de su nivel de tolerancia. En caso necesario, habría que proponer pautas o tareas alternativas hasta que se adecuen a las condiciones del paciente e incluso entrenar nuevas estrategias que permitan una mayor regulación, nuevos recursos y pautas de autocuidado que ayuden a estabilizar y mejorar el estado del paciente. A veces es necesario revisar la intensidad de la intervención para que esta esté dentro de la ventana de tolerancia del paciente. Es importante también ver con detenimiento qué puede estar ocurriendo para que no se produzcan los resultados esperados y ver qué se puede estar pasando por alto.

Situación 8. El paciente con TLP propone un cambio de objetivos en medio del tratamiento

Características de la situación

Puede darse la situación, a veces explicada por la propia inestabilidad característica de las personas con TLP, de que el paciente manifieste que los objetivos planteados al inicio del tratamiento ya no le resultan pertinentes y que quiere unos objetivos diferentes, porque no acaba de ver sentido a los propuestos inicialmente.

Objetivos de intervención

— Evaluar los motivos que causan el desinterés por los objetivos propuestos inicialmente.
— En caso de que sea necesario, incluir nuevos objetivos porque hayan ocurrido nuevos acontecimientos, e integrarlos en el tratamiento.
— Si han surgido nuevos problemas no urgentes y aplazables, posponerlos para abordarlos una vez finalizado el tratamiento y explicárselo al paciente.

Recomendaciones para la intervención

En primer lugar, es necesario explorar los motivos que hacen que el paciente quiera cambiar de objetivos y valorar si es necesario o no un cambio de los mismos. Puede que la razón sea que no se hayan entendido bien los objetivos propuestos inicialmente; en tal caso, se recomienda explicar su relevancia y sentido hasta garantizar su comprensión.

Si hay un problema o suceso nuevo que parece estar interfiriendo en el proceso terapéutico ya iniciado, se recomienda integrar el trabajo de esta situación nueva en el tratamiento, para que no bloquee el avance del paciente. O bien, si no interfiere y es aplazable, se recomienda posponer el abordaje de los nuevos problemas hasta que se aborden los objetivos que sean prioritarios.

Situación 9. El paciente se desanima y se deprime ante la falta de resultados

Características de la situación

A veces los pacientes con TLP pueden sentirse desesperanzados o poco capaces de mejorar, y esto puede repercutir en su motivación durante el tratamiento. También puede haber unas expectativas diferentes de los resultados que va observando en el transcurso del tratamiento.

Objetivos de intervención

— Psicoeducar sobre la sintomatología asociada al TLP que puede estar influyendo en su estado actual.
— Evaluar y ajustar las expectativas del paciente sobre el tratamiento en caso necesario.
— Anticipar al paciente desde el inicio del tratamiento que la evolución respecto a la mejoría habitual no es lineal.
— Fundamentar los logros alcanzados y los aspectos relacionados con su progresión en el tratamiento.
— Evaluar la posibilidad de sintomatología comórbida, como síntomas de depresión.

RECOMENDACIONES PARA LA INTERVENCIÓN

Ajustar las expectativas con el paciente en caso de que se aprecie una distorsión y, si se considera necesario, evaluar aquellos aspectos que no estén siguiendo el curso de mejoría habitual, para ver cómo mejorarlos. Es importante que el paciente sea consciente, desde el inicio del tratamiento, de que la evolución respecto a la mejoría habitual no es lineal, y que hay veces que, tras un período de estabilidad y mejora, puede aparecer algún período de inestabilidad. En estos casos puede ser necesario hacer trabajo motivacional e intentar organizar los objetivos de manera que el paciente pueda percibir mejoría de manera más inmediata, además de reforzar los logros y los avances para que pueda ir viendo sus capacidades. También puede ocurrir que los familiares o allegados contagien al paciente con TLP de su cansancio o decepción por estas falsas expectativas y falta de confianza hacia el paciente, y esto repercuta en la motivación y la autoconfianza del mismo. Si ocurre esta situación, habría que ajustar las expectativas a nivel familiar o de sus allegados, y darles pautas para interferir lo mínimo posible en la autoconfianza y motivación del paciente. En caso de que haya presencia de sintomatología depresiva, habría que evaluar la intensidad de integrar su abordaje en el plan de tratamiento para evitar que el paciente se deprima más y restablecer el estado de ánimo.

SITUACIÓN 10. EL PACIENTE CON TLP TIENE REACCIONES EMOCIONALES INTENSAS DURANTE EL TRANSCURSO DE LAS SESIONES

CARACTERÍSTICAS DE LA SITUACIÓN

A veces, durante las sesiones, los pacientes pueden presentar momentos con reacciones emocionales intensas o abreacciones. Pueden informar de malestar físico, de algún recuerdo somatizado, ansiedad elevada o llanto incontrolable, entre otros.

OBJETIVOS DE INTERVENCIÓN

— Informar y tranquilizar al paciente desde el inicio de la intervención sobre la posibilidad de que puedan ocurrir reacciones emocionales intensas o abreacciones durante las sesiones.

— Entrenar recursos de regulación y autorregulación emocional.
— Fomentar la conexión emocional.
— Establecer una señal de seguridad o stop que le permita controlar al paciente el transcurso de la sesión en caso de que sienta que se acerca a su ventana de tolerancia.

Recomendaciones para la intervención

Es muy importante que desde el inicio de la intervención se trabajen las fobias que pueda haber a ciertas emociones, que haya una buena conexión emocional y tengan herramientas de gestión de las emociones, como distintas estrategias de autorregulación emocional y recursos de afrontamiento. En caso de abreacción, lo primero que se recomienda es tranquilizar al paciente, normalizando la aparición de las abreacciones, y recordarle que está en un ambiente seguro. Las técnicas para permanecer en el presente son herramientas útiles y fáciles de enseñar a los pacientes para ayudarles a afrontar las posibles abreacciones que pueden ocurrir en el transcurso de las sesiones, sobre todo si cursan con sintomatología disociativa. También es recomendable que desde el inicio del tratamiento se acuerde con el paciente alguna señal de parar o stop, como puede ser levantar la mano o acordar alguna palabra clave que indique que se acerca a su ventana de tolerancia, para así prevenir sobrepasarla. Por ejemplo, ver los recursos 4 y 5 descritos en el capítulo 11 de este libro.

Situación 11. Tras un período de inestabilidad intensa, el paciente con TLP quiere embarcarse en nuevos o grandes proyectos

Características de la situación

En ocasiones, tras un período de inestabilidad, durante el cual la persona con TLP puede haber estado incluso hospitalizada, podemos ver cómo tras este episodio quiere retomar rápidamente sus actividades y proyectos, o incluso embarcarse en proyectos nuevos que pueden ser excesivamente ambiciosos, al tener en cuenta solo sus capacidades y no su estado actual.

OBJETIVOS DE INTERVENCIÓN

— Frenar la impulsividad y la velocidad con la que el paciente busca alcanzar sus metas.
— Priorizar la estabilización y recuperación del paciente.

RECOMENDACIONES PARA LA INTERVENCIÓN

Es importante ajustar las expectativas del paciente y disminuir la impulsividad, para que las experiencias de fracaso sean menos frecuentes y así ir fomentando la autoconfianza, tomando decisiones desde el autocuidado. A veces el frenar la urgencia de un cambio hace que el paciente se desespere y sienta que no se apuesta por sus capacidades. Es importante en este punto volver a recordar las características del TLP asociadas y poner ejemplos, si los hay, de experiencias pasadas.

Los objetivos deben ser divididos en pasos, llevando a cabo un paso cada vez. Por ejemplo, si la persona y su familia tienen como objetivo completar los estudios e independizarse, puede ser más prudente alcanzar primero un objetivo antes de empezar el otro.

SITUACIÓN 12. AL INICIAR EL TRATAMIENTO, EL PACIENTE CON TLP COMIENZA CON IDEAS SUICIDAS Y PARASUICIDAS

CARACTERÍSTICAS DE LA SITUACIÓN

Es habitual en pacientes con TLP que presenten en algún momento (incluso en algunos casos de manera constante) pensamientos suicidas, actos parasuicidas e intentos de suicidio. En algunas ocasiones incluso se llega al suicidio consumado.

OBJETIVOS DE INTERVENCIÓN

— Evaluar el riesgo.
— Trabajar los disparadores de los pensamientos suicidas o actos parasuicidas.
— Ayudar al paciente a pedir ayuda de una manera adaptativa.

— Dotar al paciente de opciones para buscar ayuda en caso de malestar poco controlable.

RECOMENDACIONES PARA LA INTERVENCIÓN

Podemos encontrar a pacientes que tienen pensamientos suicidas esporádicos, asociados a momentos de crisis emocional que van muy unidos a pensamientos sobre rechazo, incapacidad o culpabilidad extrema. Otros, sin embargo, pueden llegar a presentar ideas suicidas de manera constante. Para valorar el nivel de riesgo se pueden usar pruebas psicométricas, como la Escala Columbia para evaluar el riesgo de suicidio (Al-Halabí et al., 2016). En general, a la hora de evaluar el riesgo suicida hay que ver el grado de elaboración, ya que las ideas pasivas, que se originan de alguna manera como forma de parar el sufrimiento (por ejemplo «no quiero seguir viviendo así»), suelen ser mucho menos peligrosas que las ideas activas, en las que se manifiesta claramente un deseo de morir. Si estas ideas además se acompañan de autolesiones o actos parasuicidas, el riesgo se incrementa.

Las autolesiones, al igual que los pensamientos suicidas, son comunes en personas con TLP, aunque estos actos no buscan la muerte sino parar el malestar psíquico (el dolor físico es mucho más tolerable que el psíquico), autocastigarse y, en algunos casos, movilizar al entorno, haciendo de alguna forma físico su malestar interno. No obstante, algunos actos parasuicidas pueden acabar en la muerte, a pesar de no haber tenido intención de ello. Las autolesiones más frecuentes son cortes, quemaduras y sobreingesta de sustancias, aunque hay muchas otras formas, como tener relaciones sexuales de riesgo o la restricción alimentaria. En cada caso hay que explorar los detonantes de estos pensamientos y conductas, para que los pacientes no lleguen a realizar una tentativa suicida o acaben consumando el suicidio. Hay que enseñar al paciente a calmar sus necesidades y compartir sus opiniones en tiempo real para que no vaya acumulando malestar, así como animarle y enseñarle a pedir ayuda de una manera sana. Por ejemplo, si tiene un conflicto con un ser querido, animarle a que lo solucione hablando, en lugar de que refleje su estado a través de actos. Hay veces que a los pacientes con TLP les calma tener cerca herramientas que puedan usar para lesionarse, como cuchillas, aunque no lleguen a utilizarlas; en tal caso, es importante valorar el nivel de riesgo y evitar la sobreimplicación de su entorno en caso de que haya pensamientos suicidas y/o conductas parasuicidas (por ejemplo, invadir su intimidad buscando cuchillas o elementos que pueda usar para dañarse, no dejarlo en casa solo nunca), ya que muchas veces esto genera el efecto contrario, incrementando la frecuencia de los síntomas. Con el paciente con TLP se puede hacer un termómetro de malestar de 0-100, siendo 0 nada de malestar y 100 la máxima perturbación posible, e ir indicando, en función del nivel de malestar, qué estrategias o formas de pedir ayuda pueden ser eficaces. Un ejemplo se puede ver en el recurso 6 del capítulo 11 de este libro. El manejo de estos pensamientos y conductas debe recaer en el trabajo que hace el paciente con su terapeuta y no en los familiares o allegados. En caso de que el paciente con TLP presente ideas suicidas activas, hay que generar una red de seguridad: que tenga elegida al menos a una persona como apoyo para que lo pueda acompañar a urgencias, tener una red de seguridad tras una tentativa, o localizar a alguien al que el paciente con TLP pueda recurrir en caso de que lo necesite y que le ayude a bajar el riesgo.

SITUACIÓN 13. DURANTE EL TRATAMIENTO, EL PACIENTE CON TLP PRESENTA EPISODIOS DE AGRESIVIDAD

CARACTERÍSTICAS DE LA SITUACIÓN

A veces los pacientes con TLP pueden manifestar cierta agresividad ante situaciones que califican como injustas, pudiendo derivar en una alta carga emocional, al presentar una baja tolerancia a la frustración.

OBJETIVOS DE INTERVENCIÓN

— Prevenir la escalada agresiva en el paciente con TLP.
— Ayudar al paciente con TLP a autorregularse mejor.
— Ayudar al entorno a poner límites al paciente con TLP de manera adaptativa.

RECOMENDACIONES PARA LA INTERVENCIÓN

Para prevenir la escalada agresiva es importante observar aquellos indicadores preliminares a estas. De esta forma, tanto el paciente con TLP como sus familiares pueden actuar de tal forma que no las refuerce o las potencie. Por ejemplo, si se percibe que la actitud del paciente con TLP se vuelve más amenazante es importante que tanto el terapeuta como los familiares sean consciente de ello, para aplazar por ejemplo el hablar de un tema importante si en ese momento no se está en condiciones, haciéndole reflejo de ello con indicaciones como «ahora mismo creo que lo que hablemos no va a llevar a buen cauce, así que mejor lo retomamos luego, cuando estemos más tranquilos». La idea es no avivar la mecha y postergar el tema a solucionar hasta que el estado emocional sea más favorable.

Por otro lado, es importante trabajar con el paciente en consulta los disparadores y dotar de estrategias más adaptativas de regulación emocional en situaciones similares, como aplazar la conversación hasta que se encuentre mejor, y para llegar a ese estado hacer algún recurso que permita al paciente no seguir enroscado en la disputa, como un ejercicio de enraizamiento o conciencia plena.

Asimismo, es necesario enseñar a los familiares y/o allegados a poner límites a la agresividad manifiesta del paciente con TLP. Por ejemplo, si el familiar percibe que el paciente con TLP está pagando su malestar con él, pero a priori no hay nada con esta persona que lo explique, puede poner límites verbales, como indicarle: «no sé lo que te ha ocurrido, pero no creo que me merezca que me hables así», empatizando con el malestar del paciente con TLP pero poniendo límites protectores, ya que su malestar no justifica que haga daño a otra persona. Es muy importante evitar los insultos y el comunicarse de manera despectiva, y no perseguir al paciente cuando haya conseguido salir de la zona de conflicto, aunque se le escuche quejarse desde otra habitación. Es conveniente respetar los espacios y retomar la conversación cuando el estado emocional lo permita. Lo ideal es retomar un ambiente colaborativo en cuando se pueda.

Situación 14. Durante el tratamiento, el paciente con TLP presenta crisis de pánico

Características de la situación

Las crisis de pánico son muy habituales en pacientes con TLP. Estas se inician de forma abrupta y su característica principal es la hiperventilación. El paciente inspira más aire del necesario, generando un colapso que le da la sensación de falta de aire.

OBJETIVOS DE INTERVENCIÓN

— Evaluar los motivos que han provocado la crisis de pánico.
— Enseñar a prevenir y a manejar las crisis de pánico.

RECOMENDACIONES PARA LA INTERVENCIÓN

Lo más importante es que el paciente entienda qué le ha pasado y las consecuencias reales que tienen sus actos. Realizar psicoeducación al paciente sobre el funcionamiento de la ansiedad a todos los niveles (cognitivo, fisiológico y motor), así como explicarle los motivos de por qué ocurren estos episodios y las causas que hay debajo de los síntomas asociados, puede ayudar a normalizar y a tolerar los síntomas. Una vez trasladada la información sobre el funcionamiento de las crisis de pánico hay que ayudar al paciente a prevenirlas, incrementando su percepción de capacidad ante los disparadores que estén asociados con estrategias de autorregulación: reestructuración de las ideas irracionales a nivel cognitivo, manejo de los síntomas a través de la respiración profunda y relajación muscular a nivel fisiológico. También es necesario indicarle la importancia de no evitar o escapar de las situaciones en las que cree que va a presentar un episodio de pánico a nivel motor, pues con ello lo único que consigue es reforzar el problema. Igualmente, es preciso valorar si hay experiencias traumáticas asociadas a estos episodios que habría que abordar y trabajar, pudiendo ser útil para ello el recurso 4, ejercicio de los 4 elementos, que se puede encontrar en el capítulo 11 de este libro.

SITUACIÓN 15. DURANTE EL TRATAMIENTO, EL PACIENTE CON TLP TIENE UN EPISODIO DEPRESIVO

CARACTERÍSTICAS DE LA SITUACIÓN

Es habitual en pacientes con TLP que presenten en algún momento un episodio depresivo. En estos episodios se acentúan ideas de inutilidad, culpabilidad o bien la sensación de ser una carga. Estos episodios, en muchas ocasiones, tienen que ver con situaciones que han percibido de manera aversiva, casi siempre relacionadas con aspectos como el sentirse solo o sola, sentirse rechazados, abandonados o invalidados.

Objetivos de intervención

— Evaluar el riesgo y prevenir factores de riesgo que puedan empeorar el cuadro.
— Ayudar a los familiares o allegados a manejar el episodio y a apoyar al paciente.
— Ayudar al paciente a mejorar su estado de ánimo.

Recomendaciones para la intervención

En el momento que se detecta que un paciente con TLP puede estar empezando a deprimirse, es importante abordar su estado de ánimo y evitar factores de riesgo que puedan precipitar la gravedad del episodio. Por ejemplo, asegurarse de que el paciente está tomando adecuadamente la medicación antidepresiva y que continúa con su tratamiento psicológico habitual, o evitar que el paciente se aísle y que recurra a la restricción alimentaria.

Los episodios depresivos de un paciente con TLP suelen generar frustración e impotencia en su pareja, familia y allegados, quienes a veces se sienten desconcertados sobre cómo deben actuar en las diversas situaciones que se pueden derivar de un estado de ánimo deprimido, como el encamamiento del paciente. En este sentido, es importante orientar con algunas pautas a los familiares y allegados, por ejemplo negociar con el paciente la recuperación progresiva de las tareas diarias para no exigirle tareas que no son realistas. Esto ayuda a que el paciente se responsabilice de su autocuidado en la medida de lo posible, sin sentirse sobrepasado por las demandas externas que al final repercutirán en su sensación de soledad e inutilidad. Lo más importante es que la cama continúe siendo únicamente el sitio donde descansar, debiendo evitar desde el inicio del episodio que haga toda su vida en ella. Por otro lado, es importante también mantener las tareas domésticas habituales, dentro de lo posible, así como mantener unos horarios saludables a lo largo del día. A menos que haya una situación de riesgo extrema, el control de la medicación también debería estar a manos del paciente. A medida que el paciente vaya cumpliendo los aspectos pactados o haciendo las tareas correspondientes, es importante que se refuercen verbalmente los avances y su compromiso, aunque siempre se debe tener en cuenta que los avances no son lineales y que hay días en los que puede estar mucho mejor que otros. Es importante que no obtengan ganancias secundarias por sentirse mal, como recibir más atención de la necesaria o solo cuando se encuentra mal, sobreprotección, evitar tareas que no le parecen placenteras...

Por otro lado, para mejorar el estado de ánimo del paciente hay que valorar bien qué puede estar debajo del episodio depresivo y abordarlo. Es importante que entienda su funcionamiento y los síntomas que se asocian al cuadro. Para aliviar el malestar cognitivo se le pueden enseñar estrategias cognitivas, como la detección de pensamientos irracionales y distorsiones, reestructurar los pensamientos disfuncionales, la técnica del pastel en las situaciones en las que haya mucha culpa activa, etc. Es recomendable ir incorporando actividades agradables, siendo esperable que, junto a las pautas conductuales indicadas previamente, vayan ayudando a mejorar su autocuidado y, con ello, su estado de ánimo. En caso necesario, si el paciente tiene mucho malestar y no tiene tratamiento farmacológico, habría que considerar el inicio de este tratamiento, remitiéndose a su psiquiatra de referencia.

Situación 16. Durante el tratamiento, el paciente con TLP presenta restricción alimentaria, vómitos y/o atracones

Características de la situación

Un alto porcentaje de pacientes con TLP presentan o han presentado comorbilidad con un trastorno de la conducta alimentaria. Por la alta impulsividad que normalmente manifiestan, es habitual que la alteración alimentaria que presenten tienda más a los atracones y a realizar conductas compensatorias, por la culpa que ello les genera.

Objetivos de intervención

— Evaluar el tipo de alteración alimentaria.
— Ver el papel que tiene la comida en su vida.
— Ayudar al paciente a autorregularse de manera más adaptativa.
— Dar pautas de manejo a los familiares y allegados.

RECOMENDACIONES PARA LA INTERVENCIÓN

Las conductas asociadas a las alteraciones alimentarias que manifiestan los pacientes con TLP pueden entenderse como una forma desadaptativa de manejar y autorregular determinadas emociones. En estos casos, es importante ver realmente qué dispara la alteración alimentaria y generar recursos más adaptativos de regulación. Es importante informar a la familia sobre las pautas a seguir en caso de que el paciente con TLP presente algún tipo de alteración alimentaria, como que el paciente no se encargue de manera global de hacer la compra y de elaborar la comida para la familia de manera sistemática, que la familia no adopte la dieta que quiera imponer el paciente en caso de que sea así o eliminar el uso de laxantes y diuréticos, entre otros ejemplos. Es importante también que los familiares o allegados no fuercen al paciente a comer, así como evitar conductas hipervigilantes como escuchar en la puerta del baño si el paciente vomita o no. Conductas como atracarse, vomitar o dejar de comer pueden también servir al paciente como una especie de conducta autolesiva. En este caso, habría que entender qué está disparando ese autoodio y promover una visión más comprensiva-compasiva del paciente para que cambie sus conductas autodestructivas por otras de autocuidado.

3. PROBLEMAS RELACIONADOS CON EL ENTORNO

SITUACIÓN 17. EL PACIENTE CON TLP INTENTA SEGUIR LAS PAUTAS DEL TERAPEUTA, PERO ALREDEDOR TIENE UN ENTORNO INVALIDANTE

CARACTERÍSTICAS DE LA SITUACIÓN

En ocasiones, puede ocurrir que durante el tratamiento el paciente trate de seguir las pautas del terapeuta, pero su progreso se vea obstaculizado por vivir de manera habitual en un entorno invalidante que le cuestione continuamente, ponga en dudas sus capacidades o no refuerce sus logros, e incluso los menosprecie, por no considerarlos suficientes. En tales ocasiones, el malestar que manifiestan los pacientes suele ser muy acusado y acompañarse de un incremento de la frecuencia y/o intensidad de la sintomatología asociada al trastorno, así como de sentimientos de desesperanza e incapacidad.

OBJETIVOS DE INTERVENCIÓN

— Programar una sesión con las personas de su entorno que influyan en el progreso de la intervención.
— Fomentar la diferenciación y la independencia del paciente.
— Informar al entorno del funcionamiento de las personas con TLP y dar pautas de validación y reforzamiento.

RECOMENDACIONES PARA LA INTERVENCIÓN

Diferentes investigaciones han explorado las relaciones familiares como factores clave en el desarrollo del TLP, por lo que no es de extrañar que muchos de los patrones disfuncionales que pudieron incidir en la etiología del TLP influyan en su mantenimiento, como la negligencia, una escasa implicación emocional o la tendencia a la invalidación, entre otros. El ambiente invalidante promueve el control de la expresión emocional: las experiencias negativas son trivializadas y atribuidas a rasgos negativos como la falta de motivación o disciplina, y las emociones positivas fuertes y asociadas a preferencias también pueden ser invalidadas y atribuidas a pérdida de juicio, falta de reflexión, impulsividad... (Linehan, 2003).

Por tanto, en estos casos es muy importante integrar a los familiares o allegados en el proceso terapéutico del paciente, dando pautas que fomenten la validación y la autonomía del paciente, ya que un ambiente invalidante fomenta la desregulación emocional, y fracasa a la hora de enseñar al paciente a poner nombre a sus emociones, a modularlas y a tolerar el malestar, así como a confiar en sus propias respuestas emocionales como interpretaciones válidas de los eventos.

Es importante también psicoeducar al paciente sobre el funcionamiento familiar y fomentar la diferenciación, estableciendo límites claros que le permitan ir aprendiendo qué aspectos son suyos como persona y qué aspectos corresponden a otras personas a todos los niveles, así como la validación personal. Una buena estrategia para trabajar la diferenciación es ayudarle en su día a día a discriminar qué emociones son suyas y cuáles no, al tomarlas de otras personas, e ir trabajando los aspectos que componen su mundo interno, por ejemplo a través de expresiones gráficas. Para trabajar la validación es importante que quede claro qué es y cómo fomentarla, respetando los gustos, preferencias y necesidades del paciente y confiando en sus capacidades. En caso de familias muy aglutinadas, explorar y trabajar si la independencia se considera un alejamiento o una traición a la familia, para modificarlo y que no perjudique en el progreso del paciente, ya que hay veces que incluso se perciben como conductas problemáticas algunos intentos de alcanzar la autonomía.

SITUACIÓN 18. LA FAMILIA O ALLEGADOS DE PACIENTES CON TLP SE FRUSTRAN AL VER UNA RECAÍDA DEL PACIENTE CUANDO PARECÍA QUE IBA MEJOR, Y ESTO DESANIMA AL PACIENTE A SEGUIR CON SU PROCESO

CARACTERÍSTICAS DE LA SITUACIÓN

A veces las personas con TLP presentan una crisis justo cuando empiezan a tener un funcionamiento más adaptativo. Esta situación a veces frustra mucho a los familiares y allegados, que culpabilizan a los propios pacientes de no querer mejorar o bien les recriminan el «no seguir haciendo las cosas bien». A pesar de que esta situación crea confusión, presenta cierta lógica, ya que las personas con TLP, cuando van consiguiendo progresos, como comenzar a trabajar o dejar de autolesionarse, se van volviendo más independientes y temen que las personas que hasta ahora le han estado apoyando se alejen y/o abandonen. Ante esta situación, su respuesta asociada al miedo al abandono suele ser, de manera inconsciente, una recaída.

OBJETIVOS DE INTERVENCIÓN

— Informar y dar pautas de manejo para la familia y allegados ante estas situaciones.
— Trabajar con el paciente el miedo al abandono y reforzar como algo positivo su independencia.

Recomendaciones para la intervención

Es importante que tanto el paciente como los familiares y allegados sean conscientes del funcionamiento de la recaída en estos casos. Es preciso instruir a los familiares y allegados sobre la importancia de evitar comentarios acerca de la mejoría del paciente que le generen presión, como «sabía que podías hacerlo» o «ya estás muy bien», ya que minimizan la lucha por parte del paciente y le dan a entender que ya debería estar bien en su totalidad. En el caso del paciente, es importante hacerle ver la conexión del miedo al abandono con su recaída, ver si está conectado con alguna experiencia pasada para trabajar todo el material que puede estar activo y fomentar la seguridad en sí mismo, así como el autocuidado. Si el paciente tiene asociada la idea de la independencia con la de la soledad, habrá que ayudarle a desvincularlas.

Situación 19. Durante el tratamiento, al paciente con TLP le ocurren sucesos de impacto que afectan a su estado actual

Características de la situación

A lo largo del proceso terapéutico pueden tener lugar acontecimientos que impacten en el actual estado emocional del paciente, agudizando la sintomatología previa o bien haciendo surgir nuevos síntomas.

Objetivos de intervención

— Evaluar e integrar en los objetivos del tratamiento el nuevo suceso de impacto.
— Intentar que el nuevo suceso desestabilice al paciente lo menos posible.
— En caso necesario, abordar de manera inmediata el nuevo suceso, para que afecte lo menos posible al paciente.

Recomendaciones para la intervención

Se recomienda hacer una reevaluación de los objetivos tras la nueva situación y abordarlos en función del grado de prioridad. Si el suceso nuevo genera mucho impacto, es importante abordarlo lo antes posible, para que produzca las menores consecuencias posibles. Es importante recordar las estrategias ya trabajadas de estabilización y contención, o bien entrenarlas si no se ha hecho previamente. Ejemplos de este tipo de recursos puede ser conectar con un lugar seguro o de calma o aplicar el ejercicio de los 4 elementos para reducir el estrés, tareas que se pueden encontrar en los recursos 4 y 7 del capítulo 11 de este libro.

SITUACIÓN 20. EL AMBIENTE FAMILIAR DEL PACIENTE CON TLP ES CAÓTICO Y ESTRESANTE

CARACTERÍSTICAS DE LA SITUACIÓN

A veces el entorno familiar con el que convive el paciente con TLP es caótico, lleno de discusiones y, en general, bastante estresante. Hay que tener en cuenta que las personas con TLP tienen dificultades en su capacidad para tolerar el estrés en las relaciones, ante situaciones de rechazo, crítica o desacuerdos, pudiendo por tanto beneficiarse de un ambiente familiar tranquilo.

OBJETIVOS DE INTERVENCIÓN

— Minimizar el estrés familiar.
— Preparar al paciente para abordar diferentes situaciones de conflicto intrafamiliar.

RECOMENDACIONES PARA LA INTERVENCIÓN

Si es posible, es necesario citar a la familia y ver la forma de que haya mayor tranquilidad en casa. A veces conviene que la familia en su conjunto trabaje sus problemas con un terapeuta de familia de forma paralela. Lo primero que se recomienda es informar sobre el impacto que tienen los conflictos familiares en el paciente y dar pautas para conseguir un mejor manejo de los mismos. En estos casos es habitual tener que trabajar estrategias para mejorar la comunicación, pautas para respetar límites personales, y dar información y algunas indicaciones sobre el manejo de la sintomatología del paciente con TLP en caso de que esté asociada a estos conflictos. Mientras se trabaja con la familia, se recomienda hacer paralelamente un trabajo individual con el paciente con TLP que le proporcione herramientas de manejo ante dichos conflictos y que le ayude a minimizar el impacto que le producen. Por ejemplo, si los familiares le responsabilizan de algo de lo que en realidad no es responsable, saber detectar esta situación, repartir la responsabilidad del problema en cuestión en porcentajes según cada parte implicada y entrenar estrategias de comunicación que le ayuden a gestionar la culpa respondiendo de manera asertiva.

SITUACIÓN 21. EL PACIENTE CON TLP MUESTRA EPISODIOS DE IRA CONTRA LA FAMILIA O ALLEGADOS

CARACTERÍSTICAS DE LA SITUACIÓN

A veces, en el contexto de una fuerte discusión familiar pueden surgir insultos graves o situaciones de conflicto en los que predomine la ira por parte del paciente con TLP. Cuando uno siente que las críticas recibidas son injustas, la respuesta natural es la defensa, pero los intentos de defenderse por parte de los familiares provocan que la ira siga subiendo. La actitud defensiva provoca el incremento de la ira del paciente con TLP, quien cree que el ataque por parte de la otra persona no está justificado.

OBJETIVOS DE INTERVENCIÓN

— Minimizar las situaciones de conflicto.
— Manejar la ira en situaciones de conflicto intrafamiliar.

RECOMENDACIONES PARA LA INTERVENCIÓN

En los casos en los que la persona expresa su ira con palabras y no está en situación de peligro, a pesar de plantear una amenaza o un peligro físico para sí o para otros, lo que se recomienda a la familia es simplemente escuchar sin discutir defensivamente. Lo que esa persona más desea es ser escuchado. Por supuesto, a veces las acusaciones duelen, porque pueden parecer falsas e injustas, pero otras veces pueden dañar porque contienen alguna parte de verdad. En tal caso es importante que la familia admita si la información es cierta, validando la ira del paciente con TLP y admitiendo los posibles errores, además de ofrecer una disculpa. La ira es una de las emociones que más cuesta regular a los pacientes con TLP y suele tener tanto una presentación como una desaparición repentina.

SITUACIÓN 22. EL PACIENTE CON TLP HABLA DE AUTOLESIONARSE O SUICIDARSE, PERO LOS FAMILIARES Y ALLEGADOS NO PRESTAN LA SUFICIENTE ATENCIÓN A ESTA SERIE DE COMENTARIOS

CARACTERÍSTICAS DE LA SITUACIÓN

Las amenazas, autolesiones o comentarios relacionados con querer desaparecer, quitarse de en medio o suicidarse pueden estar indicando el inicio de una crisis. A veces se perciben cambios conductuales a los que no se les suele dar importancia, como cambiarse el look de manera llamativa (por ejemplo, cambios en la coloración del pelo), aislarse, cambiar el patrón de ingesta o hacerse pequeños arañazos, entre otros.

En ocasiones, puede que las familias sean reacias a tratar estos indicadores, a veces por miedo a potenciar las conductas autodestructivas o bien porque no sepan detectarlas como indicadores de peligro, minimizando su importancia.

OBJETIVOS DE INTERVENCIÓN

— Enseñar a la familia y al paciente con TLP los indicadores previos a las crisis, para prevenirlas en la medida de lo posible.
— Enseñar a la familia y al paciente con TLP pautas de manejo ante estas situaciones.

RECOMENDACIONES PARA LA INTERVENCIÓN

Pueden ser muchos los motivos por los que las familias no estén atendiendo a los indicadores que pueden estar anunciando una nueva crisis, desde el miedo a fomentarla hasta la incapacidad de reconocer dichos indicadores como peligrosos. Por ello, es importante informar a todos los miembros de dichos indicadores como aspectos a tener en cuenta para prevenir las crisis. Una buena forma es registrando los cambios que suelen acontecer antes de las mismas e ir observando el patrón que se va repitiendo, para aprender a detectarlo. Es importante animar a la familia a no tener miedo a hablar y poner el problema sobre la mesa abiertamente. Al paciente, una vez que aprenda a detectar dichos indicadores, se le puede indicar que los comunique también a la familia o a su terapeuta, según vea conveniente, lo cual le ayudará a manejar sus emociones con palabras en lugar de con acciones. Hay que tener en cuenta que en este tipo de circunstancias el paciente con TLP a veces siente que su familia se entromete, que invade su espacio y merma su autonomía. Esta sensación se suele disparar sobre todo cuando hay familias sobreprotectoras y aglutinadas que invaden e invalidan al paciente con TLP con frecuencia. Por ello, en caso de que se detecte este tipo de situación es necesario abordarla tanto con el paciente con TLP como con la familia, diferenciando las situaciones en las que la actuación de la familia es adaptativa de las que no lo son. En terapia, es recomendable acordar un plan de acción para abordar estas crisis, en el que se determinen las situaciones en las que la seguridad prima sobre la privacidad, por ejemplo en los casos en los que el paciente contacte con el terapeuta indicando su intención inminente de suicidarse.

SITUACIÓN 23. LOS FAMILIARES Y/O ALLEGADOS DEL PACIENTE SE SIENTEN MUY FRUSTRADOS PORQUE, A PESAR DE SUS ESFUERZOS POR APOYAR AL PACIENTE CON TLP, ESTE INSISTE EN QUE SE SIENTE SOLO, ABANDONADO, INCOMPRENDIDO Y/O POCO QUERIDO

CARACTERÍSTICAS DE LA SITUACIÓN

Los familiares de pacientes con TLP a menudo realizan grandes esfuerzos tanto económicos como personales para apoyar e intentar mejorar la sintomatología de estos. Sin embargo, a pesar de todos los esfuerzos, los pacientes pueden sentirse solos, abandonados o poco queridos por la propia familia, lo cual les genera frustración, repercutiendo negativamente en su relación y en la calidad del apoyo.

Objetivos de intervención

— Minimizar las situaciones de conflicto.
— Psicoeducación sobre las características del trastorno.
— Enseñar a la familia a escuchar activamente y empatizar con el paciente, aunque no se esté de acuerdo con todo.

Recomendaciones para la intervención

En estas situaciones es muy importante escuchar y validar lo que transmite el paciente con TLP, aunque no se esté de acuerdo con todo. Es importante tratar de entender por qué el paciente con TLP se siente como se siente, y una buena forma es realizar preguntas en las que se le pida que exprese desde cuándo se ha sentido así y qué es lo que ha hecho que se sienta así en estos momentos, mostrando interés en su respuesta aunque no se esté de acuerdo. En este sentido, es importante recordar a los familiares las características del trastorno, volviendo a ofrecer psicoeducación si es necesario. No es una cuestión de que los pacientes con TLP sean desagradecidos o no valoren los esfuerzos de quienes le rodean; es que a veces no pueden conectar con determinadas emociones. Por las características del trastorno, hay problemas de vinculación que tienen este tipo de consecuencias. Hay que ayudar a que los pacientes con TLP expresen sus sentimientos con palabras, sin importar el grado en que esos sentimientos se basen en distorsiones, pues así tendrán menos probabilidades de actuar de manera destructiva.

Situación 24. Los familiares del paciente con TLP son inconsistentes en sus respuestas y sus acciones

Características de la situación

En ocasiones nos podemos encontrar que los familiares de los pacientes de TLP no son muy consistentes o coherentes entre ellos o con lo que dicen y/o hacen, y esto puede generar grandes conflictos familiares. Por ejemplo, puede que el padre y la madre se lleven la contraria cada vez que hablan o incluso al comportarse. También pueden participar en estos conflictos familiares los hermanos y las hermanas u otros familiares, lo que interferirá con los esfuerzos de cada uno en el manejo de los problemas.

OBJETIVOS DE INTERVENCIÓN

— Minimizar las situaciones de conflicto.
— Mejorar la comunicación familiar.
— Unificar estrategias de manejo en diversas situaciones.

RECOMENDACIONES PARA LA INTERVENCIÓN

Es importante que ante estos casos los familiares aprendan a comunicarse de manera más abierta y a ponerse de acuerdo para seguir una misma línea de manejo con el paciente con TLP. Es recomendable citar a la familia e indicar algunas pautas de manejo ante las posibles situaciones de conflicto que se puedan dar, para que todos los miembros tengan claro cuál es el plan de actuación recomendable. Ante las discrepancias, habrá que mejorar la comunicación y tomar una decisión, a ser posible de manera tranquila, y una vez tomada la decisión comunicarla al paciente con TLP. Es importante escuchar la perspectiva de todos los miembros y llegar a pautas que beneficien y/o perjudiquen de manera equilibrada a los miembros.

SITUACIÓN 25. EN EL ENTORNO DEL PACIENTE CON TLP HAY AUSENCIA DE LÍMITES

CARACTERÍSTICAS DE LA SITUACIÓN

A veces los miembros de una familia pueden dar por hecho que el resto de familiares deben saber de manera casi mágica lo que otros miembros desean o necesitan. Esta situación genera gran frustración entre ellos, lo cual se mezcla a menudo con aspectos importantes como el sentirse más o menos querido en función del nivel de adivinación de otros miembros sobre la persona en cuestión.

OBJETIVOS DE INTERVENCIÓN

— Minimizar las situaciones de conflicto.
— Mejorar la comunicación familiar.
— Enseñar a poner límites a los distintos miembros de la familia.

RECOMENDACIONES PARA LA INTERVENCIÓN

No hay que dar por hecho que los miembros de una familia saben lo que quieren y/o necesitan los unos de los otros. Hay que enseñar a cada miembro a comunicar lo que cada uno está dispuesto a tolerar, a manifestar sus opiniones y necesidades y a no dar por supuesto que el resto de los miembros deben saberlo. Es muy frecuente recurrir a las amenazas cuando los pacientes con TLP no cumplen, por ejemplo, con alguna tarea acordada. En estos casos, lo importante es que los familiares le den la responsabilidad y le indiquen la importancia del cumplimiento de las tareas acordadas, siempre tratando las situaciones con empatía en la medida de lo posible. A nivel familiar es recomendable dejar claro a todos los miembros cuáles son las conductas que son inaceptables en casa y que no se van a tolerar, como entrar en el dormitorio de algún miembro sin llamar o leer el diario de alguno de los miembros e invadir así su intimidad (Gunderson y Berkowitz, 2006). Una lectura que puede ser beneficiosa para la familia para enseñarles qué es la asertividad y cómo aprender a ser asertivo es *La asertividad: expresión de una sana autoestima* (Castanyer, 1996).

SITUACIÓN 26. LOS FAMILIARES SOBREPROTEGEN AL PACIENTE CON TLP

CARACTERÍSTICAS DE LA SITUACIÓN

Es habitual que cuando unos padres ven sufrir mucho a sus hijos tiendan a sobreprotegerlos, repercutiendo en varios aspectos. Así, pueden dificultar que aprendan a asumir las consecuencias de sus responsabilidades, promoviendo que se sientan dependientes y poco autónomos.

OBJETIVOS DE INTERVENCIÓN

— Mejorar la independencia y autonomía del paciente.
— Establecer límites adaptativos.
— Minimizar los conflictos familiares.

RECOMENDACIONES PARA LA INTERVENCIÓN

La sobreprotección es invasiva, invade los límites y ayuda a mermar las capacidades de los pacientes con TLP. Es habitual encontrar que un paciente con TLP se queje del aglutinamiento, de falta de libertad en algunos aspectos relacionados con su familia y de sobreprotección por parte de sus familiares. Sin embargo, en otras ocasiones puede buscar esta sobreprotección porque se siente desvalido. Esta situación, si se da de manera prolongada, merma la capacidad de autonomía en el paciente y va generando creencias como «no puede cuidarse solo» o «necesita de otros para poder afrontar sus problemas». Hay que tener claro que para que el paciente con TLP pueda crecer debe enfrentarse a las cosas por él mismo.

También, desafortunadamente, esta sobreprotección se puede vivir por los pacientes con TLP como justificación de que, si sufren, tienen toda la legitimidad de no hacer nada, debiendo ser otras personas las que hagan las cosas por ellos (Frías, 2022). Por ello es importante indicar a los familiares que es necesario que el paciente con TLP tenga más espacio personal y vaya aprendiendo y asumiendo las consecuencias de sus actos para que las conductas problema no se perpetúen. Esto ayuda a que los pacientes con TLP vayan comprobando que pueden resolver sus propios problemas y reparar los fallos que puedan cometer, y así reforzar su autonomía siempre que la situación lo permita y no sea de peligro extremo. A veces los miembros de la familia pueden llegar muy lejos para satisfacer los deseos de la persona, reparar el daño o protegerlos; si persiste la conducta problema, se acabarán generando más conflictos intrafamiliares, porque sienten haber sacrificado en vano su tiempo, su dinero y su buena voluntad en sus esfuerzos de ser protectores. Hay que indicar a los miembros que sobreprotegen al paciente que cuidándose ellos mismos ayudan al paciente con TLP a que aprenda a tener límites adaptativos y a tener un buen modelo de autocuidado. Es importante que estos familiares y/o allegados no se olviden de cuidarse de sí mismos, transmitiendo una serie de ideas y de pautas que le ayuden en dicha tarea; que las necesidades del paciente con TLP sean importantes para estas personas no exime que se puedan dar la importancia necesaria a ellos mismos. Si una persona no se cuida bien a sí misma, no va a tener la posibilidad de cuidar bien a los demás y de ser un buen modelo de funcionamiento. Para ello, una buena opción es que el cuidador tenga tiempo para sí mismo, para hacer alguna actividad que le proporcione cierto bienestar y que le sirva para centrarse en sí mismo sin tener que estar pendiente de la persona con TLP, debiendo avisar de este espacio al paciente con TLP para que poco a poco lo vaya tolerando sin intromisiones sistemáticas.

Todo lo reflejado en este punto no quiere decir que los familiares o allegados no puedan ayudar a los pacientes con TLP. La idea es que empaticen, confíen y brinden apoyo, indicando por ejemplo que entienden su malestar y/o sufrimiento, pero que confían en que puedan con ello, y que en el caso de que necesiten ayuda tras intentarlo, estarán ahí para apoyarle.

SITUACIÓN 27. LA FAMILIA O ALLEGADOS TOLERAN INSULTOS, GOLPES O AMENAZAS POR PARTE DEL PACIENTE CON TLP

CARACTERÍSTICAS DE LA SITUACIÓN

Puede ocurrir en alguna ocasión que el paciente con TLP recurra a amenazas, insultos e incluso a agresiones para conseguir lo que quiere de sus familiares.

OBJETIVOS DE INTERVENCIÓN

— Minimizar el conflicto intrafamiliar.
— Modificar las conductas disruptivas.
— Enseñar al paciente a tolerar la frustración de manera adaptativa.

RECOMENDACIONES PARA LA INTERVENCIÓN

Es necesario recordar a la familia que lo más importante es la seguridad. Si, por ejemplo, el paciente con TLP insulta o amenaza a un familiar, lo recomendable es que este familiar no ceda a sus deseos si no es lo pertinente. En ocasiones, padres que se sienten culpables por el diagnóstico del TLP de su hijo tratan de compensar esta sensación de culpa cediendo a los deseos del hijo, aunque no sea algo adecuado, reforzando dinámicas desadaptativas. Se recomienda también que los familiares no lo refuercen entrando en una nueva discusión. Hay que tratar de explicar al paciente con TLP la justificación de por qué no se atiende a sus deseos; si esto no causa efecto, se recomienda poner distancia física para tratar de extinguir dicha conducta, además de no sucumbir a sus peticiones si no las consideran lícitas. Las amenazas no deben ser un recurso habitual para frenar la conducta disruptiva del paciente. Si la situación conflictiva reviste cierta gravedad y está incontrolada es importante frenar con ayuda externa, como los servicios de emergencias. Respecto al trabajo con el paciente con TLP, en estas situaciones es necesario ver qué disparó estas conductas para abordarlo y proporcionarle estrategias para poder manejar su frustración de manera adaptativa. Por ejemplo, reestructurando ideas irracionales que pueden estar influyendo en la necesidad imperiosa de conseguir una determinada cosa de manera inmediata o necesaria y ayudando a comunicar sus deseos de una manera más asertiva.

SITUACIÓN 28. EL PACIENTE CON TLP SE AUTOLESIONA O TIENE UNA TENTATIVA AUTOLÍTICA Y RESPONSABILIZA A OTROS DE ESTE ACTO

CARACTERÍSTICAS DE LA SITUACIÓN

En ocasiones, por las propias características del trastorno, el paciente con TLP puede acabar autolesionándose o cometiendo una tentativa autolítica tras una disputa con un familiar o allegado, responsabilizando a este de sus actos.

OBJETIVOS DE INTERVENCIÓN

— Ayudar al paciente a asumir la responsabilidad de sus actos y a diferenciarse de otras personas.
— Entrenar estrategias de autorregulación más adaptativas.
— Dar pautas de manejo a los familiares y/o allegados ante estas situaciones.

Recomendaciones para la intervención

Desde el inicio de la intervención hay que ir enseñando al paciente lo que es un límite y cómo poner límites de manera adecuada con otras personas. Parte de este trabajo consiste en enseñar al paciente a diferenciarse de otros: cuáles son sus pensamientos e ideas y cuáles ha aprendido de otros pero no le representan, sus gustos..., y a repartir porcentes de responsabilidad en función de las circunstancias. Por tanto, hay que ir enseñándole que, aunque algo le provoque una idea, quien decide acometerla es él mismo, para evitar que responsabilice a otros de manera inadecuada y así pueda ir tomando el control real de su conducta. Se le debe enseñar lo mismo respecto de los comportamientos de los demás; es decir, aunque otros no sepan poner límites adecuados o bien responsabilicen al paciente de actos de los que no es responsable, él sepa evaluar si realmente algo es su responsabilidad o no. Tanto los familiares como el paciente con TLP deben tener claro que la responsabilidad última de cualquier decisión depende de la propia persona que la ejecuta, independientemente de los factores externos que están aconteciendo, reales o percibidos. Por otro lado, si una disputa o alguna situación negativa ha llevado al paciente a hacerse daño, es importante entrenar con él estrategias de autorregulación y solución de problemas más adaptativas, empezando por enseñarle a detectar qué se le dispara y qué necesita, y ayudarle a aprender a pedir ayuda con palabras, no con actos.

Para ampliar información sobre pautas familiares para pacientes con TLP se puede consultar la *Guía para las familias de grupo multifamiliar del Hospital McLean* (Gunderson y Berkowitz, 2006).

4. PROBLEMAS EN LA APLICACIÓN DE TÉCNICAS TERAPÉUTICAS

Situación 29. Al paciente con TLP no le queda clara la justificación y la utilidad de las técnicas terapéuticas que se van a emplear o del abordaje propuesto

Características de la situación

Es necesario asegurarse de que el paciente con TLP entiende la justificación y la utilidad de las técnicas terapéuticas o del abordaje que se le proponen, para que su incomprensión o falta de claridad en la justificación no perjudique la adherencia terapéutica.

OBJETIVOS DE INTERVENCIÓN

— Facilitar la comprensión y la justificación del abordaje o las técnicas propuestas.
— Explorar los posibles miedos que puedan estar asociados al proceso de intervención propuesto.

RECOMENDACIONES PARA LA INTERVENCIÓN

El paciente debe saber que lo que se le va a proponer como modo de intervención es lo más beneficioso en su caso, por lo cual le va a merecer la pena hacer el esfuerzo que conlleva el proceso terapéutico, ayudándole a confiar en dicho proceso desde el inicio. Si hay cierto escepticismo, una buena forma de manejarlo es apoyar la propuesta con resultados empíricos que ayuden al paciente a ver la fiabilidad de las técnicas terapéuticas propuestas o de su abordaje. Una buena forma de saber si realmente el paciente ha entendido la propuesta es pedirle que indique, con sus palabras, la utilidad/justificación de la propuesta de intervención. También es importante tener en cuenta que puede que le dé miedo el propio proceso de intervención, que tenga miedo a que le haga sufrir. En tal caso, habría que explorar esta emoción para ver si conecta con alguna experiencia negativa pasada o idea irracional, para abordarlo y que no bloquee el proceso de intervención, así como dotar al paciente de estrategias suficientes para ampliar su ventana de tolerancia y se pueda sentir seguro con el proceso. Una buena forma de reducir su miedo es explicarle que la intervención va a ser gradual, que para cada paso que se vaya a dar antes se le va a preparar y que siempre se va a trabajar dentro de su ventana de tolerancia. También se le puede recordar, para tranquilizarle, que en cualquier momento del proceso puede indicar sus necesidades y opiniones y que estas siempre serán tenidas en cuenta.

SITUACIÓN 30. EL PACIENTE CON TLP TIENE MIEDO A UNA DETERMINADA TÉCNICA O A UN DETERMINADO ABORDAJE, DE MANERA ANTICIPATORIA O TRAS SU APLICACIÓN

CARACTERÍSTICAS DE LA SITUACIÓN

En ocasiones, determinadas formas de intervención, sobre todo asociadas al trabajo del trauma, pueden generar ciertas inseguridades en el paciente sobre su costo-beneficio. También puede ocurrir que haya tenido una mala experiencia con una técnica o un abordaje determinados y le dé miedo volver a repetirlo, o bien que otra persona le haya advertido sobre el malestar que le produjo una determinada técnica, por lo que se muestre reacio a la misma cuando la propone el terapeuta.

OBJETIVOS DE INTERVENCIÓN

— Informar sobre los procedimientos y seguridad de las técnicas propuestas.
— Abordar los miedos relacionados con las técnicas propuestas.
— Proponer una intervención progresiva tras dotar al paciente de los recursos necesarios.

RECOMENDACIONES PARA LA INTERVENCIÓN

Siempre es muy importante que el paciente se sienta entendido, por lo que debemos empatizar con sus temores para luego pasar a informarle sobre la seguridad y los beneficios de la aplicación de las técnicas propuestas. También es importante tranquilizarle, indicándole que la intervención siempre se hará de manera gradual a medida que vaya consiguiendo objetivos, de tal forma que, cuando se lleguen a abordar los aspectos más intensos o perturbadores, el paciente estará muy preparado para ello. Una buena manera de que el paciente perciba control sobre el proceso es proporcionarle una herramienta de control de su propia perturbación, como pactar con él una palabra o una señal de «parar/stop», por ejemplo levantar la mano cuando no quiera continuar, en caso de que considere que la perturbación que siente durante la aplicación de una determinada técnica sale de su ventana de tolerancia, y darle la confianza y seguridad necesarias para que pueda expresar sus necesidades y/o opiniones en cualquier parte del proceso. En estos casos, ante la duda también se recomienda quedarse un paso por detrás antes de forzar al paciente, evitando así que llegue a los bordes de su ventana de tolerancia y posibilitando que pueda ir confiando en el proceso y sintiéndolo más seguro. Si el paciente remite una mala experiencia pasada usando una técnica determinada, habría que evaluar qué le ocurrió y por qué, y explicarle lo que pudo pasar y darle opciones para que no vuelva a ocurrir en la medida de lo posible. Sin embargo, si el miedo es infundado, por haber escuchado una opinión previa sobre la técnica o un abordaje determinado, es importante trabajarlo desde el inicio para que este miedo no interfiera durante la intervención. Para ello, es necesario indicarle que cada caso es completamente diferente e individual y que en una mala experiencia influyen muchos factores, pero que, en su caso, se puede hacer una prueba para ver qué tal le sienta la forma de intervención y ver todos los aspectos que le preocupen sobre la misma.

SITUACIÓN 31. EL PACIENTE CON TLP SIENTE QUE NO ES CAPAZ DE CONTINUAR CON EL TRATAMIENTO PORQUE PIENSA QUE NUNCA VA A LOGRAR QUE ESTE SEA EXITOSO

CARACTERÍSTICAS DE LA SITUACIÓN

Un paciente con TLP se caracteriza, como hemos visto, por presentar dificultades en la gestión de sus emociones y alteraciones en la percepción de su capacidad, siendo habitual que en los momentos de crisis vean todo de manera pesimista, incluyendo el propio proceso de intervención.

OBJETIVOS DE INTERVENCIÓN

— Evaluar si el paciente tiene recursos suficientes para afrontar los objetivos terapéuticos.

— Dotar al paciente de estrategias y recursos que estabilicen su estado emocional actual y que le ayuden a llevar el proceso terapéutico.
— Evaluar y ajustar las expectativas.

RECOMENDACIONES PARA LA INTERVENCIÓN

En primer lugar, se recomienda evaluar si se está interviniendo fuera de su ventana de tolerancia, y ese es el motivo por el que percibe que no va a ser capaz de seguir con la intervención de manera exitosa. En caso de que se detecte que el paciente está fuera de su ventana de tolerancia es importante parar, dar un paso atrás, tratar de trabajar siempre dentro de dicha ventana y dotar al paciente de recursos adicionales que le faciliten el afrontamiento del proceso terapéutico. En este punto se pueden trabajar estrategias de autorregulación emocional, técnicas de relajación y de manejo del estrés, técnicas para permanecer anclados en el presente y fomentar la confianza en uno mismo y en el proceso terapéutico. Por ejemplo, ver los recursos 4, 5 y 7 del capítulo 11 de este libro.

SITUACIÓN 32. EL PACIENTE CON TLP INFORMA DE QUE NO PERCIBE AVANCES A PESAR DE QUE LA INTERVENCIÓN PROGRESA DE MANERA ADECUADA

CARACTERÍSTICAS DE LA SITUACIÓN

A veces, algunos pacientes inician un tratamiento teniendo unas expectativas que no son reales. En otros casos, la impaciencia/deseo del paciente por estar bien puede hacer que sienta que el tratamiento no es útil, reduciendo su motivación para el mismo e incluso provocando el abandono.

OBJETIVOS DE INTERVENCIÓN

— Ajustar las expectativas.
— Reforzar de manera clara los avances del paciente de manera continua.
— Enseñar al paciente a reforzarse a sí mismo los logros y avances conseguidos a lo largo de todo el tratamiento.

— Explicar la evolución esperada en función de los distintos momentos del tratamiento.

RECOMENDACIONES PARA LA INTERVENCIÓN

Una buena forma de ir ajustando las expectativas que los pacientes pueden ir teniendo sobre el transcurso del tratamiento es ir anticipando los resultados esperados en cada momento del tratamiento. Además de esta información, es útil ayudarles a detectar y reforzar los logros que van teniendo en cada etapa del tratamiento, para que acaben aprendiendo a autorreforzarse. No se recomienda dar un plazo concreto de mejoría (por ejemplo, indicarle que en veinte sesiones seguro que está bien), para no generar falsas expectativas ni comparar el tiempo de recuperación con el de otro paciente con similar sintomatología, ya que cada caso es completamente diferente y la evolución de cada uno depende de muchos factores.

SITUACIÓN 33. EL PACIENTE CON TLP DEMANDA ASISTENCIA MÁS CONTINUADA E INCREMENTAR LA FRECUENCIA DE LAS SESIONES

CARACTERÍSTICAS DE LA SITUACIÓN

Podemos encontrarnos con pacientes muy demandantes, que indican que por la intensidad de su malestar necesitan una atención más continuada e insisten en poner muchas sesiones con escaso espacio entre ellas, lo cual puede ser poco terapéutico e incluso perjudicar en su avance.

OBJETIVOS DE INTERVENCIÓN

— Ajustar el ritmo de las sesiones en función del paciente.
— Explicar al paciente la importancia de una frecuencia determinada entre sesiones y la importancia de trabajar a un ritmo adecuado que no sobrepase su ventana de tolerancia.
— Ajustar las expectativas de la intervención.

Recomendaciones para la intervención

Los pacientes con TLP suelen ser personas muy colaboradoras y dispuestas en las sesiones, a pesar de que algo del propio proceso les haga daño. Puede que tener sesiones muy seguidas les esté abrumando, e incluso bloqueando más, aunque no se den cuenta. Por eso es muy importante que el terapeuta esté atento a indicadores que puedan mostrar que se esté trabajando fuera de la ventana de tolerancia del paciente. Para ello, es importante ajustar el ritmo de las sesiones en función de la ventana de tolerancia del paciente y no en función de su demanda, si esta es perjudicial para su propia mejoría. Esta información es recomendable trasladarla a los pacientes para que entiendan que la frecuencia no es a demanda en cualquier caso, sino que cumple determinados objetivos. Por lo general, un ritmo inicial que suele ser bien tolerado consiste en una sesión semanal de una hora aproximadamente de duración, aunque dicho ritmo siempre habrá de ajustarse en función del caso a tratar y de cómo haya estado el paciente tras la última sesión.

Situación 34. El paciente con TLP se niega a trabajar determinadas situaciones o aspectos que propone el terapeuta o de la forma que propone el terapeuta

Características de la situación

En ocasiones puede ocurrir que el paciente con TLP no quiera trabajar los aspectos que el terapeuta propone, porque considera otros más relevantes o urgentes en ese momento o bien porque siente que no es necesario remover algún aspecto de su vida que considera muy doloroso para el fin propuesto. También puede darse el caso de que no quiera trabajar las propuestas del terapeuta con las técnicas sugeridas por este.

Objetivos de intervención

— Explicar al paciente la importancia y los beneficios de trabajar lo propuesto de la manera indicada.
— Recordar al paciente que la intervención es segura.
— Recordar los recursos de autorregulación entrenados, para tenerlos presentes por si es necesario su uso.

— Entrenar recursos de afrontamiento/autorregulaciones adicionales en caso necesario hasta que el paciente se sienta preparado.

RECOMENDACIONES PARA LA INTERVENCIÓN

Es característico en pacientes con TLP que haya una alta impulsividad, sintiendo en algunas ocasiones la necesidad imperiosa de que un deseo deba ser calmado de manera urgente y de una manera determinada, sin ser capaces de ver otras opciones. Por ello, es importante comentarles estas peculiaridades y fundamentar hasta que se entienda por qué es relevante abordar lo que le propone el terapeuta y de la forma en la que lo sugiere. Si el paciente tiene miedo a abordar algún aspecto concreto de su vida, hay que indicarle que el procedimiento será gradual, recordar las estrategias de regulación que ya hayan sido entrenadas y, en caso necesario, entrenar nuevas estrategias que le ayuden al paciente a incrementar su capacidad de regulación y su seguridad.

SITUACIÓN 35. EL PACIENTE CON TLP INFORMA DE QUE VA A TENER UN PERÍODO PROLONGADO SIN SESIONES POR ALGÚN MOTIVO. EL PACIENTE SE ENCUENTRA EN UNA FASE INICIAL O INTERMEDIA DE LA INTERVENCIÓN Y MUESTRA MIEDO ANTE LA POSIBILIDAD DE EMPEORAR DURANTE ESTE PERÍODO

CARACTERÍSTICAS DE LA SITUACIÓN

En el transcurso de la intervención puede ocurrir que, por distintos motivos externos a la terapia, por ejemplo laborales, académicos o personales, los pacientes nos informen de que no van a poder continuar con las sesiones durante un tiempo cuantioso. Esta situación les genera bastante malestar, ante el miedo a un empeoramiento de su sintomatología.

OBJETIVOS DE INTERVENCIÓN

— Establecer una serie de pautas que ayuden a mantener la mejoría conseguida durante el período en el que el paciente va a estar sin sesiones.

— Revisar y recordar las estrategias de autocontrol y los recursos trabajados hasta la actualidad.

— Abordar las preocupaciones y miedos concretos que surgen ante la anticipación del período sin sesiones.

— Dar indicaciones y pautas concretas sobre cómo proceder en caso de empeoramiento agudo o situación de urgencia.

— Intentar que el período sin sesiones sea lo más terapéutico posible, tratándolo como un período de descanso o puesta a prueba de la generalización de los resultados conseguidos hasta la fecha.

Recomendaciones para la intervención

Ante este tipo de situaciones, lo que se recomienda en un primer momento es tranquilizar e inducir autoconfianza en el paciente, y dar una serie de instrucciones y pautas de actuación por escrito, como elaborar de manera conjunta una tarjeta de instrucciones/pautas a realizar en función del problema que se vaya presentando. Conviene recordar las estrategias ya trabajadas y elaborar un plan de emergencia, informando al paciente de qué hacer en caso de que el empeoramiento persista aun cuando ha intentado realizar todas las pautas organizadas para ese período sin sesiones; por ejemplo, que use el correo electrónico cuando necesite consultar dudas o pedir orientación al terapeuta, hacer alguna sesión a distancia a través de alguna plataforma *online* habilitada para ello, establecer una red de contactos de apoyo o indicar al paciente que acuda al centro de urgencias más cercano. Durante el período sin sesiones se puede aprovechar para mandar lecturas y tareas que puedan mantener o continuar con el avance del tratamiento.

Situación 36. El paciente con TLP considera
que ya ha mejorado lo suficiente y desea terminar el tratamiento de forma prematura

Características de la situación

Por diversas razones, en ocasiones podemos encontrarnos con pacientes que deciden interrumpir el tratamiento porque consideran que ya han mejorado lo suficiente, aunque no se hayan abordado todos los objetivos propuestos.

Objetivos de intervención

— Fundamentar la importancia de completar la intervención para evitar un empeoramiento de la sintomatología.
— Explorar los motivos por los que quiere cesar el tratamiento.
— Establecer unos indicadores de alarma en caso de que el cese sea inminente, para que al menos pueda tener conocimiento de los indicadores de alarma que podrían conllevar un empeoramiento de la sintomatología.

Recomendaciones para la intervención

Lo primero es explorar los motivos que puedan estar debajo de esta intención de cese prematuro de la intervención por parte del paciente, motivos que pueden ser económicos, familiares (por ejemplo, que le hayan sugerido que ya está lo suficientemente bien y que no es necesario seguir), falta de tiempo... Si es posible, ante la intención del paciente de cesar absolutamente con el tratamiento, se intentará facilitar alternativas compatibles; por ejemplo, si el motivo es económico, comentar con el paciente los recursos disponibles y acordar una nueva frecuencia entre sesiones, compatible con sus recursos económicos; o si su decisión está influenciada por terceros, intentar discutirlo y abordarlo en sesión. Si a pesar de todo lo anterior decide terminar el tratamiento, es recomendable que en la última sesión se haga una tarjeta con los indicadores de alarma para que el paciente los tenga presentes en caso de recaída, y recordar las estrategias y los recursos que se hayan trabajado.

Situación 37. En el transcurso de la intervención, a medida que se va avanzando, van surgiendo síntomas nuevos

Características de la situación

A medida que se va avanzando en la intervención del paciente puede ocurrir que síntomas que no estaban presentes al inicio del tratamiento aparezcan debido a varias causas. A medida que se va trabajando con el paciente y se va incrementando su ventana de tolerancia, puede que vaya conectando con material que en un inicio no estaba accesible. También puede que esté atravesando por diversos sucesos vitales que estén disparando cierta sintomatología que no había estado presente hasta ahora.

OBJETIVOS DE INTERVENCIÓN

— Evaluar y explorar los nuevos síntomas.
— Actualizar el análisis funcional del caso y hacer una reformulación clínica del mismo.
— Modificar los objetivos del tratamiento, para incluir el abordaje de la nueva sintomatología en caso necesario.

RECOMENDACIONES PARA LA INTERVENCIÓN

Evaluar los nuevos síntomas e integrarlos en la formulación del caso. Si es necesario, habría que modificar el tratamiento con base en estos nuevos síntomas. Es importante informar y tranquilizar al paciente, indicándole que este suceso a veces ocurre y que, en muchos casos, supone un avance, al hacerse accesible información que previamente estaba bloqueada, lo que nos permite evaluar y abordar dicha sintomatología. Lo importante es que el trabajo se siga manteniendo dentro de su ventana de tolerancia y que, en caso necesario, se dote al paciente de los recursos necesarios para abordar dicho trabajo.

9

Situaciones en la fase de finalización del tratamiento

Situación 1. Cuando se propone al paciente con TLP ir espaciando las sesiones al final del tratamiento, este indica que no se siente preparado

Características de la situación

Una vez trabajados todos los objetivos que se propusieron en el tratamiento, es importante ir graduando y espaciando más las sesiones para ir viendo si los resultados se van generalizando. Sin embargo, cambiar la frecuencia de las sesiones, incrementando un mayor espacio entre las mismas, a veces genera en el paciente preocupación y miedo sobre su futura estabilidad, pudiendo incluso vivirlo como una especie de abandono por parte del terapeuta.

Objetivos de intervención

— Comprobar y asegurar que el paciente está preparado para iniciar la fase de finalización del tratamiento.
— Establecer un plan flexible de espaciado entre sesiones.
— Si aparece alguna emoción disfuncional asociada, trabajarla antes de pasar al seguimiento.

Recomendaciones para la intervención

Una parte importante del trabajo durante el tratamiento de personas con TLP es fomentar su autonomía e independencia, también respecto al terapeuta y al propio tratamiento, a medida que se van consiguiendo los objetivos propuestos. Si se detectan miedos asociados al hecho de la modificación de la frecuencia entre sesiones, lo recomendable es trabajarlos antes de iniciar la fase de finalización del tratamiento, ya que a veces ello es un indicador de que el paciente no está listo para ello, por el motivo que sea. En estos casos, se recomienda seguir en la fase de intervención, evaluar y abordar aquello que pudiera quedar pendiente e informar sobre los efectos de la fase de finalización del tratamiento, reforzando la confianza en sí mismo, sus recursos y acordando con el paciente un plazo flexible de finalización del tratamiento con el que esté de acuerdo y le genere seguridad. Se puede hacer un plan gradual de finalización del tratamiento; por ejemplo, programar primero sesiones quincenales, luego mensuales y una o dos trimestrales; si el espaciado propuesto no genera beneficios o incluso causa problemas, se debe modificar en función de las necesidades del paciente.

SITUACIÓN 2. EL PACIENTE CON TLP TIENE MIEDO A ESTAR BIEN DE VERDAD Y A PERDER ATENCIÓN POR NO NECESITAR EL MISMO APOYO QUE EN EL PASADO

CARACTERÍSTICAS DE LA SITUACIÓN

Algunos pacientes con TLP se han identificado con los síntomas del propio trastorno, ya que en muchos casos estos síntomas los han acompañado la mayor parte de sus vidas. Verse mejorar y funcionar de otra manera puede que les genere miedo ante la nueva situación o ante los cambios que esta pueda provocar en su entorno.

OBJETIVO DE INTERVENCIÓN

— Explorar los miedos activos y abordarlos como parte de la intervención.

RECOMENDACIONES PARA LA INTERVENCIÓN

A medida que van mejorando los pacientes con TLP se van produciendo cambios en su entorno. Lo esperable es que vayan siendo más autónomos e independientes, aunque ello tiene un coste que no siempre digieren fácilmente. Puede ocurrir que perciban o reciban menos ayuda para distintas tareas, que cambien de domicilio, que empiecen a trabajar, cambios en la relación con los familiares, cambios en el nivel de atención recibida... A veces pueden percibir estos cambios en el nivel de apoyo como cambios en el afecto de las personas, pudiendo llegar a sentirse menos queridos, más solos e incluso abandonados. En el caso de que se activen este tipo de creencias o emociones habría que evaluar si son aspectos que no han quedado del todo trabajados, para tenerlos en cuenta y abordarlos antes de pasar a la fase de finalización del tratamiento. Hay que ayudarle a desvincular la independencia con la pérdida de afecto. No obstante, se recomienda anticipar estas situaciones antes de pasar a la finalización del tratamiento e ir abordando los miedos asociados. Un recurso útil en estas situaciones es solicitar a los pacientes que escriban una carta en la que le digan adiós al trastorno y recordar los logros que ha ido consiguiendo a lo largo de la intervención.

SITUACIÓN 3. TRAS PLANTEAR INICIAR EL PROCESO DE FINALIZACIÓN DEL TRATAMIENTO, EL PACIENTE CON TLP SUFRE UNA REAGUDIZACIÓN DE LA SINTOMATOLOGÍA

CARACTERÍSTICAS DE LA SITUACIÓN

Tras plantear un cambio respecto a la fase de finalización del tratamiento, pueden ocurrir distintas situaciones que disparen en el paciente una reagudización sintomatológica, como miedo a empeorar por no sentirse preparado para dicha fase, o miedo a que le pase algo importante y no pueda tener una sesión inmediata o a corto plazo.

OBJETIVOS DE INTERVENCIÓN

— Informar de un plan de intervención en caso de que durante la fase de finalización ocurra algo que precise retomar las sesiones con mayor frecuencia.
— Evaluar los motivos y disparadores que estén relacionados con el episodio de reagudización sintomatológica.
— Abordar la problemática subyacente a la reagudización y luego volver al punto de la finalización del tratamiento en la que se encontraba, o bien volver a la fase de intervención en caso necesario.

RECOMENDACIONES PARA LA INTERVENCIÓN

En casos en los que haya una reagudización previa al comienzo del proceso de finalización del tratamiento, habría que evaluar las causas subyacentes y valorar si es necesario posponer el inicio de la fase de finalización para más adelante, cuando el paciente se encuentre preparado para ello. Si la reagudización ocurre una vez iniciado el proceso de finalización del tratamiento, se recomienda evaluar los disparadores e intervenir sobre los mismos, incrementando la frecuencia de las sesiones si es necesario y, una vez resueltos, retomar la fase de finalización. Es recomendable informar de esta situación al inicio de la fase de finalización, para que el paciente sepa que las frecuencias entre sesiones serán flexibles en función de sus necesidades y que se irán espaciando cada vez más a medida que se vaya sintiendo cómodo con la distancia propuesta y se vaya comprobando que se va tolerando bien. Si ocurre un nuevo evento, habría que integrar la información nueva en la ya obtenida sobre el caso y, en caso necesario, reformular la intervención.

10

Situaciones en la fase de seguimiento

SITUACIÓN 1. EL PACIENTE CON TLP SUFRE UN NUEVO PROBLEMA

CARACTERÍSTICAS DE LA SITUACIÓN

Durante la fase de seguimiento hay veces que los pacientes pueden mostrar nuevos problemas debidos a nuevos sucesos adversos que les ocurren.

OBJETIVOS DE INTERVENCIÓN

— Evaluar la nueva problemática remitida por el paciente.
— Evaluar el tipo de abordaje que precisa esta nueva problemática.
— Atender y apoyar al paciente.

RECOMENDACIONES PARA LA INTERVENCIÓN

Hay veces que aparece un nuevo problema distinto de todo lo abordado anteriormente; sin embargo, en muchas ocasiones, aunque el paciente lo perciba como un nuevo problema, puede que esté relacionado con lo trabajado previamente.

En caso de que sea posible, se recomienda intentar resolver el problema, recordando algunas pautas ya trabajadas para comprobar su capacidad para resolverlo por sí solo. Las dificultades o dudas que no sean urgentes se plantearían en la próxima sesión de seguimiento. En caso de que el problema no se pueda resolver con algunas pautas y sea necesario verlo en sesión, se recomienda adelantar la cita si ya estaba programada.

Situación 2. El paciente con TLP no acude a las sesiones de seguimiento sin indicar ninguna justificación

Características de la situación

En ocasiones, cuando se cambia la frecuencia habitual de las sesiones, espaciándolas más en el tiempo, puede ocurrir que el paciente no acuda a las citas programadas por diversos motivos.

Objetivos de intervención

— Contactar con el paciente y evaluar el motivo por el que no ha acudido a las sesiones de seguimiento.

Recomendaciones para la intervención

Contactar con el paciente el mismo día de la ausencia, para preguntarle los motivos por los que no acudió a sesión, y volver a concertar una cita en caso de imprevisto u olvido. En caso de que no atienda el teléfono, recurrir a otra vía de contacto, como el correo electrónico, si se dispone de él, para saber el motivo de la ausencia y reprogramar una nueva sesión. En el mensaje que se le traslade al paciente es recomendable recordarle la importancia del seguimiento y animarle a que, cuando lo estime oportuno, contacte con el terapeuta para programar una nueva cita.

11

Recursos para la intervención

Recurso 1. Criterios diagnósticos de trastorno límite de personalidad, según el Manual Diagnóstico de la Asociación Americana de Psiquiatría (DSM-5; APA, 2014)

Trastorno de la personalidad límite
301.83 (F60.3)

Patrón dominante de inestabilidad de las relaciones interpersonales, de la autoimagen y de los afectos, e impulsividad intensa, que comienza en las primeras etapas de la edad adulta y está presente en diversos contextos, y que se manifiesta por cinco (o más) de los hechos siguientes:

1. Esfuerzos desesperados para evitar el desamparo real o imaginado (nota: no incluir los comportamientos suicidas y de automutilación, que figuran en el criterio 5).
2. Patrón de relaciones interpersonales inestables e intensas, que se caracteriza por una alternancia entre los extremos de idealización y de devaluación.
3. Alteración de la identidad: inestabilidad intensa y persistente de la autoimagen y del sentido del yo.
4. Impulsividad en dos o más áreas que son potencialmente autolesivas (por ejemplo, gastos, sexo, drogas, conducción temeraria, atracones alimentarios) (nota: no incluir los comportamientos suicidas y de automutilación, que figuran en el criterio 5).
5. Comportamiento, actitud o amenazas recurrentes de suicidio, o comportamiento de automutilación.
6. Inestabilidad afectiva debida a una reactividad notable del estado de ánimo (por ejemplo, episodios intensos de disforia, irritabilidad o ansiedad, que generalmente duran unas horas, y rara vez más de unos días).
7. Sensación crónica de vacío.
8. Enfado inapropiado e intenso, o dificultad para controlar la ira (por ejemplo, exhibición frecuente de genio, enfado constante o peleas físicas recurrentes).
9. Ideas paranoides transitorias relacionadas con el estrés o síntomas disociativos graves.

RECURSO 2. INVENTARIO DE DISTANCIAMIENTO Y COMPARTIMENTACIÓN (DCI) (PERONA-GARCELÁN ET AL., 2021)

Inventario de distanciamiento y compartimentación (DCI) (Butler et al., 2019; adaptado por Perona-Garcelán et al., 2021)

Nombre: ....

Fecha: .... Edad: ....

Este cuestionario valora experiencias que puedes haber tenido. Para cada elemento, marca con un círculo el número que mejor describa la frecuencia con la que tienes estas experiencias cuando NO estás bajo los efectos del alcohol o las drogas. Rodea con un círculo en «0» si nunca te ha pasado, o en «7» si te sucede diariamente. Si ocurre a veces, pero no a diario, rodea con un círculo el número entre 1 y 6 que mejor se adapte a ti.

1. Cuando estoy escuchando hablar a alguien, de repente me doy cuenta de que no oigo todo o parte de lo que dice.							
0	1	2	3	4	5	6	7
Nunca	Una o dos veces en mi vida	No más de una vez al año	Una vez cada pocos meses	Al menos una vez al mes	Al menos una vez a la semana	Varias veces a la semana	Diaria-mente

2. Lo que veo me parece «plano» o «sin vida», como si estuviera mirando una foto.							
0	1	2	3	4	5	6	7
Nunca	Una o dos veces en mi vida	No más de una vez al año	Una vez cada pocos meses	Al menos una vez al mes	Al menos una vez a la semana	Varias veces a la semana	Diaria-mente

3. Me concentro en algo que tengo en la cabeza y más o menos pierdo el hilo de lo que está pasando a mi alrededor.							
0	1	2	3	4	5	6	7
Nunca	Una o dos veces en mi vida	No más de una vez al año	Una vez cada pocos meses	Al menos una vez al mes	Al menos una vez a la semana	Varias veces a la semana	Diaria-mente

4. Me siento como si estuviera mirando una situación desde el punto de vista de un observador o espectador.

0	1	2	3	4	5	6	7
Nunca	Una o dos veces en mi vida	No más de una vez al año	Una vez cada pocos meses	Al menos una vez al mes	Al menos una vez a la semana	Varias veces a la semana	Diaria-mente

5. Me siento dividido, como si tuviera varias partes o fuerzas con sentimientos, ideas, recuerdos y comportamientos que no considero propios.

0	1	2	3	4	5	6	7
Nunca	Una o dos veces en mi vida	No más de una vez al año	Una vez cada pocos meses	Al menos una vez al mes	Al menos una vez a la semana	Varias veces a la semana	Diaria-mente

6. Me siento como si algo o alguien me hubiera poseído.

0	1	2	3	4	5	6	7
Nunca	Una o dos veces en mi vida	No más de una vez al año	Una vez cada pocos meses	Al menos una vez al mes	Al menos una vez a la semana	Varias veces a la semana	Diaria-mente

7. A veces entro en un estado similar al trance, en el que soy apenas consciente, o no soy consciente en absoluto, de lo que pasa a mi alrededor.

0	1	2	3	4	5	6	7
Nunca	Una o dos veces en mi vida	No más de una vez al año	Una vez cada pocos meses	Al menos una vez al mes	Al menos una vez a la semana	Varias veces a la semana	Diaria-mente

8. Cruzo la calle por donde no hay paso de peatones o con el semáforo en rojo.

0	1	2	3	4	5	6	7
Nunca	Una o dos veces en mi vida	No más de una vez al año	Una vez cada pocos meses	Al menos una vez al mes	Al menos una vez a la semana	Varias veces a la semana	Diaria-mente

9. Siento emociones intensas que no parecen pertenecerme.

0	1	2	3	4	5	6	7
Nunca	Una o dos veces en mi vida	No más de una vez al año	Una vez cada pocos meses	Al menos una vez al mes	Al menos una vez a la semana	Varias veces a la semana	Diaria-mente

10. No siento todas las partes del cuerpo y no hay ningún motivo médico o físico.

0	1	2	3	4	5	6	7
Nunca	Una o dos veces en mi vida	No más de una vez al año	Una vez cada pocos meses	Al menos una vez al mes	Al menos una vez a la semana	Varias veces a la semana	Diaria-mente

11. Me siento desvinculado de recuerdos de cosas que me han pasado, como si no tuvieran nada que ver conmigo.

0	1	2	3	4	5	6	7
Nunca	Una o dos veces en mi vida	No más de una vez al año	Una vez cada pocos meses	Al menos una vez al mes	Al menos una vez a la semana	Varias veces a la semana	Diaria-mente

12. Mi mente se queda «en blanco» o vacía por completo.

0	1	2	3	4	5	6	7
Nunca	Una o dos veces en mi vida	No más de una vez al año	Una vez cada pocos meses	Al menos una vez al mes	Al menos una vez a la semana	Varias veces a la semana	Diaria-mente

13. La gente me dice que mi comportamiento cambia drásticamente o que parezco una persona diferente.

0	1	2	3	4	5	6	7
Nunca	Una o dos veces en mi vida	No más de una vez al año	Una vez cada pocos meses	Al menos una vez al mes	Al menos una vez a la semana	Varias veces a la semana	Diaria-mente

14. Me encuentro en un sitio y no tengo ni idea de cómo he llegado ni por qué estoy allí.

0	1	2	3	4	5	6	7
Nunca	Una o dos veces en mi vida	No más de una vez al año	Una vez cada pocos meses	Al menos una vez al mes	Al menos una vez a la semana	Varias veces a la semana	Diaria-mente

15. Digo pequeñas mentiras para evitar que la gente se decepcione o se enfade conmigo.

0	1	2	3	4	5	6	7
Nunca	Una o dos veces en mi vida	No más de una vez al año	Una vez cada pocos meses	Al menos una vez al mes	Al menos una vez a la semana	Varias veces a la semana	Diaria-mente

16. A veces me siento desconectado del cuerpo, como si no fuera el mío.

0	1	2	3	4	5	6	7
Nunca	Una o dos veces en mi vida	No más de una vez al año	Una vez cada pocos meses	Al menos una vez al mes	Al menos una vez a la semana	Varias veces a la semana	Diaria-mente

17. Parece que algo dentro de mí me obliga a hacer cosas que no quiero hacer.

0	1	2	3	4	5	6	7
Nunca	Una o dos veces en mi vida	No más de una vez al año	Una vez cada pocos meses	Al menos una vez al mes	Al menos una vez a la semana	Varias veces a la semana	Diaria-mente

18. Me siento mecánico, como un robot o como si no fuera humano.

0	1	2	3	4	5	6	7
Nunca	Una o dos veces en mi vida	No más de una vez al año	Una vez cada pocos meses	Al menos una vez al mes	Al menos una vez a la semana	Varias veces a la semana	Diaria-mente

19. Miro el reloj y me doy cuenta de que ha pasado el tiempo y no recuerdo qué ha sucedido.

0	1	2	3	4	5	6	7
Nunca	Una o dos veces en mi vida	No más de una vez al año	Una vez cada pocos meses	Al menos una vez al mes	Al menos una vez a la semana	Varias veces a la semana	Diaria-mente

20. Siento que no controlo lo que hace mi cuerpo, como si hubiera algo o alguien dentro de mí dirigiendo mis acciones.

0	1	2	3	4	5	6	7
Nunca	Una o dos veces en mi vida	No más de una vez al año	Una vez cada pocos meses	Al menos una vez al mes	Al menos una vez a la semana	Varias veces a la semana	Diaria-mente

21. Voy cambiando entre unos sentimientos que parecen pertenecerme y otros que no experimento como propios.

0	1	2	3	4	5	6	7
Nunca	Una o dos veces en mi vida	No más de una vez al año	Una vez cada pocos meses	Al menos una vez al mes	Al menos una vez a la semana	Varias veces a la semana	Diaria-mente

22. Siento que mi percepción del tiempo cambia y las cosas parecen suceder a cámara lenta o, por el contrario, aceleradas.

0	1	2	3	4	5	6	7
Nunca	Una o dos veces en mi vida	No más de una vez al año	Una vez cada pocos meses	Al menos una vez al mes	Al menos una vez a la semana	Varias veces a la semana	Diaria-mente

CLASIFICACIÓN POR ÍTEMS

Ítems de desapego: 1, 2, 3, 4, 7, 11, 12, 18, 19 y 22; punto de corte 17,50.

Ítems de compartimentación: 5, 6, 9, 10, 13, 14, 16, 17, 20 y 21; punto de corte 9,50.

Ítems de validación: 8 y 15.

RECURSO 3. MODELO DE LÍNEA DE VIDA CON LAS EXPERIENCIAS TRAUMÁTICAS Y EXPERIENCIAS AGRADABLES DESDE EL NACIMIENTO DEL PACIENTE HASTA LA ACTUALIDAD

En esta actividad de lo que se trata es de que el paciente, utilizando lápiz y papel, trace su «línea de vida» y describa entre diez y quince (como número orientativo) acontecimientos traumáticos que le hayan acontecido desde su gestación o nacimiento hasta la actualidad. Una vez hecha esta primera línea de vida es recomendable pedir otra «línea de vida» con eventos positivos que hayan acontecido a lo largo de su vida, para usarlos como recursos a lo largo del tratamiento. Preferiblemente se recomienda hacer las dos líneas en el mismo día, terminando con la línea de eventos positivos, para disminuir la perturbación emocional que haya podido generar la realización de la «línea de vida» con los acontecimientos traumáticos.

A continuación pueden verse ejemplos de cada una de las líneas de vida: en el apartado A un ejemplo de línea de vida en el que se reflejan los sucesos traumáticos de un paciente, y en el apartado B un ejemplo de línea de vida con eventos positivos[1].

---

[1] Ambas líneas de vida pueden realizarse en formato tabla [véase el Modelo de Desarrollo Estratégico para el EMDR de Mauren Kitchur (Shapiro, 2005)].

A. Ejemplo de línea de vida donde se reflejan los sucesos traumáticos de un paciente.

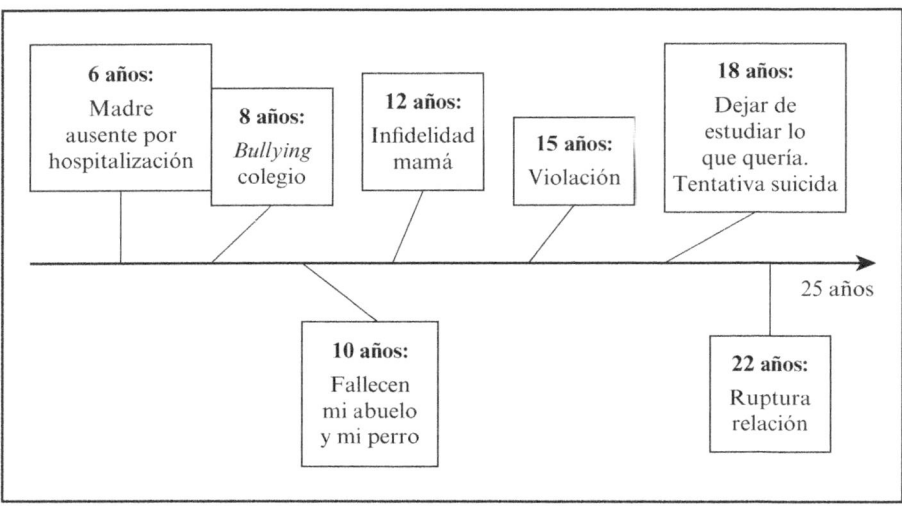

B. Ejemplo de línea de vida donde se reflejan los sucesos positivos o agradables de un paciente.

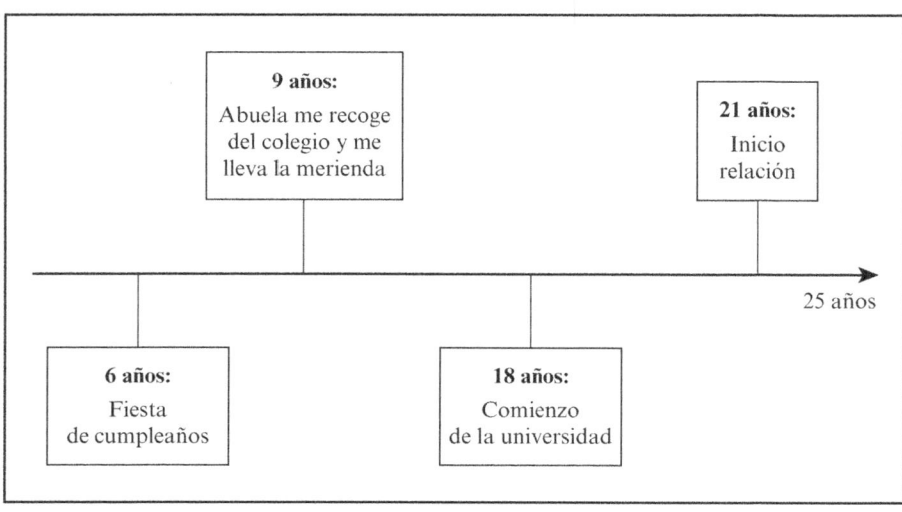

Recurso 4. Ejercicio de los 4 elementos para reducir estrés (Tierra-Aire-Agua-Fuego) (adaptado de Shapiro, 2012)

Instrucciones

1. Tierra: base y seguridad en el presente/realidad. «Tómate un minuto o dos para "aterrizar", para estar aquí y ahora... Coloca ambos pies en la tierra, siente la silla que te soporta... Mira alrededor y nota tres cosas nuevas... ¿Qué ves?, ¿qué oyes?».

    (Atención dirigida hacia afuera, hacia la realidad de seguridad en el presente).

2. Aire: respirar para centrarse.

    Puedes hacer tu ejercicio favorito de respiración aquí. Por ejemplo: «inspira a través de la nariz (para respiración abdominal) mientras cuentas 4 segundos, luego mantenlo durante otros 2 segundos y luego expira durante 4 segundos. Toma una docena de respiraciones lentas más profundas de esta manera».

    (Atención dirigida hacia dentro, hacia tu centro).

3. Agua: activando la respuesta de relajación. «¿Tienes saliva en la boca?... Produce más saliva... Cuando estás ansioso o estresado, tu boca a menudo se seca porque parte de la respuesta de emergencia al estrés (sistema nervioso simpático) consiste en parar el sistema digestivo. Comenzando a generar más saliva activas el sistema digestivo otra vez (sistema nervioso parasimpático) y la respuesta de relajación (por eso se suele ofrecer agua o té tras una experiencia difícil). Cuando generas saliva tu mente puede controlar de manera óptima tus pensamientos y tu cuerpo».

    (Atención dirigida a producir saliva y volverse más calmado, centrado y en control).

4. Fuego: enciende el sendero de tu imaginación.

    «Evoca una imagen de tu lugar seguro o de calma (o cualquier otro recurso, como un recuerdo en el que te sintieras bien contigo mismo). ¿Qué sientes y dónde lo sientes en el cuerpo?».

    (Atención dirigida a los sentimientos de seguridad, calma u otros en tu cuerpo).

Recurso 5. Técnicas para permanecer anclados en el presente (adaptado de Royle y Kerr, 2018, pp. 76-77)

A continuación se exponen algunos métodos que se utilizan para permanecer anclados en el presente:

1. Utilizar todos los sentidos para que el paciente sea consciente del entorno físico en el que se encuentra.
2. Tomar conciencia de su apariencia y de su cuerpo a nivel físico.
3. Tomar conciencia de la sensación de los pies plantados en el suelo.
4. Tomar conciencia de los movimientos.
5. Tomar conciencia de las acciones que se llevan a cabo.
6. Pedir a familiares o allegados que ayuden al paciente a permanecer conectado y evitar el ensimismamiento.
7. Hablarse a sí mismo en presente de su actual estado vital.
8. Hablarse a sí mismo en primera persona.

RECURSO 6. TERMÓMETRO DE MALESTAR

Instrucciones

1. Coger lápiz y papel y hacer una línea horizontal.
2. En un extremo de la línea poner 0 (nada de perturbación) y en el otro 100 (la mayor perturbación posible).
3. Situar las estrategias que se van enseñando al paciente en el lugar de la línea que se corresponda con el intervalo de malestar en el que se deben aplicar a nivel orientativo.
4. Entregar el termómetro al paciente para que lo tenga accesible y así poder ver qué estrategias debe emplear en función de su malestar.

Por ejemplo:

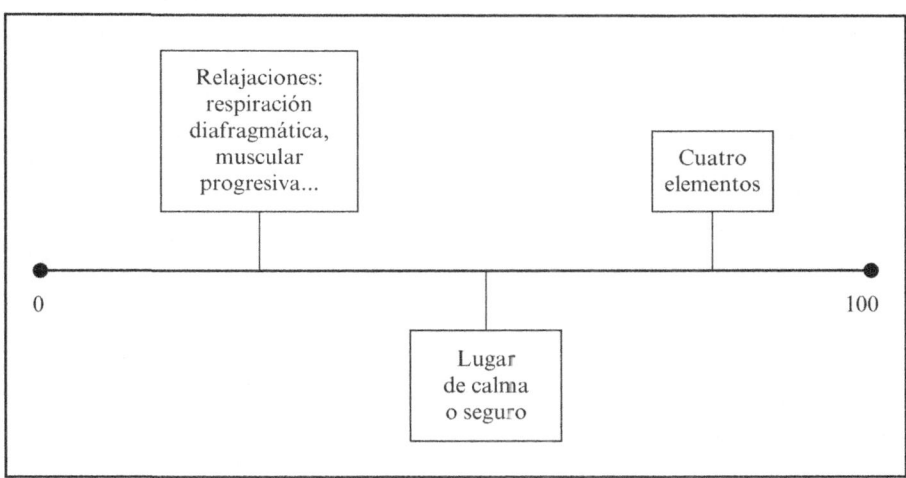

Recurso 7. Instalación de un lugar seguro o tranquilo/de calma de Shapiro (2001; 2005) (tomado y adaptado de Hensley, 2010)

La técnica del lugar seguro o tranquilo, según F. Shapiro (2001), sirve para preparar al paciente antes de iniciar el procesamiento de los eventos traumáticos, y como recurso de estabilización en caso de que el paciente se sienta muy perturbado durante la sesión. Este proceso fue creado para llevarlo a cabo mediante estimulación bilateral (a través de movimientos oculares o *tapping*). Por ello, su utilización requiere por parte del terapeuta formación adecuada para usar EMDR.

A continuación se indican los pasos a seguir para la instalación de un lugar seguro o tranquilo:

1. Identificar la imagen: se le pide al paciente que cree o que visualice una imagen en la que se sienta seguro o tranquilo.
2. Identificar las emociones y sensaciones asociadas: mientras el paciente se concentra en la imagen, se le pide que indique las emociones que emergen al evocar la imagen y la parte del cuerpo en la que siente dichas sensaciones.
3. Fomentar las sensaciones: a través de la imaginería guiada, el terapeuta describe el lugar seguro o tranquilo elegido, subrayando las sensaciones y sentimientos positivos que está experimentando el paciente. En este paso en el que se fomentan las sensaciones se incluyen sets de estimulación bilateral. Si van surgiendo sentimientos positivos, se continúa con la imaginería guiada y los sets de estimulación bilateral para seguir fortaleciendo las sensaciones positivas del paciente. A veces el desarrollo inicial del lugar seguro o tranquilo puede perturbar al paciente; en tal caso, ayudaremos al paciente a desarrollar otro lugar seguro o tranquilo o bien iniciaremos otro ejercicio de autorregulación.
4. Establecer una palabra clave: se le pide al paciente que identifique una única palabra clave o expresión que mejor represente su lugar seguro o tranquilo. Una vez identificada la palabra o expresión, el terapeuta fortalece los sentimientos y sensaciones positivas identificadas por el paciente con sets de estimulación bilateral. Estos sets se repetirán varias veces para fortalecer aún más los sentimientos positivos experimentados por el paciente.

5. Instrucción de autoentrada: el terapeuta da la instrucción al paciente de que diga la palabra elegida para su lugar seguro o tranquilo y advierta de lo que sienta a solas, seguido de sets de estimulación bilateral.

6. Entrada con perturbación: se le indica al paciente que piense en una molestia que le genere poca perturbación y que a continuación acuda a su lugar seguro o tranquilo para que perciba cómo se siente. Si surgen sentimientos positivos, el terapeuta fortalecerá el lugar seguro o tranquilo con sets de estimulación bilateral. Si se produce un cambio y surge alguna sensación negativa, el terapeuta tratará de guiar al cliente a través del proceso hasta que ocurra un cambio hacia emociones y sensaciones positivas.

Al finalizar, se le instruye al paciente para usar la palabra clave y su imagen de lugar seguro o tranquilo cada vez que note molestias de baja perturbación. Si los momentos son de alta perturbación, se le debe advertir que esta estrategia puede no funcionar.

12

Referencias bibliográficas

Al-Halabí, S., Sáiz, P. A., Burón, P., Garrido, M., Benabarre, A., Jiménez, E., Cervilla, J., Navarrete, M. I., Díaz-Mesa, E. M., García-Álvarez, L., Muñiz, J., Posner, K., Oquendo, M. A., García-Portilla, M. P. y Bobes, J. (2016). Validation of a Spanish version of the Columbia-Suicide Severity Rating Scale (C-SSRS). Validación de la versión en español de la Columbia-Suicide Severity Rating Scale (Escala Columbia para Evaluar el Riesgo de Suicidio). *Revista de psiquiatría y salud mental, 9*(3), 134-142. https://doi.org/10.1016/j.rpsm.2016.02.002

APA (American Psychiatric Association) (2013). *Diagnostic and Statistical Manual of Mental Disorders (DSM-5TM)*. Arlington.

APA (American Psychiatric Association) (2014). *DSM-5. Manual Diagnóstico y Estadístico de los Trastornos Mentales: DSM-5*. Panamericana.

Bandelow, B., Krause, J., Wedekind, D., Broocks, A., Hajak, G. y Rüther, E. (2005). Early traumatic life events, parental attitudes, family history, and birth risk factors in patient with borderline personality disorder and healthy controls. *Psychiatry Research, 134,* 169-179.

Bateman, A. y Fonagy, P. (2006). *Mentalization-based treatment for Borderline Personality Disorder: a practical guide*. Oxford University Press.

Bernstein, E. M. y Putnam, F. W. (1996). Development, reliability, and validity of a dissociation scale. *Journal of Nervous and Mental Disease, 174,* 121-130.

Bozzatello, P., Rocca, P., De Rosa, M. L. y Bellino, S. (2020). Current and emerging medications for borderline personality disorder: is pharmacotherapy alone enough? *Expert Opinion on Pharmacotherapy, 21*(1), 47-61.

Butler, C., Dorahy, M. J. y Middleton, W. (2019). The Detachment and Compartmentalization Inventory (DCI): An assessment tool for two potentially distinct forms of dissociation. *Journal of trauma & dissociation: The Official Journal of the International Society for the Study of Dissociation (ISSD), 20*(5), 526-547. https://doi.org/10.1080/15299732.2019.1597809

Carlson, E. B. y Putnam, M. D. (1993). An update on the Dissociative Experiences Scale. *Dissociation, 6*(1), 16-27.

Castanyer, O. (1996). *La asertividad: expresión de una sana autoestima*. Serendipity.

Ciardo, W., Giannini, A., D'Ascenzo, I., Nardini, M., Tartaglia, E., Becattini, M. y Manfrida, G. (1993). Bisturbo borderline di personalità, situazione intermedia tra affermazione di autonomia e dipendenza. En G. Manfrida, R. de

Bernart, J. D'Ascenzo, A. Giannini y M. Nardini (ed.), *Psicopatologia e modelli psicoterapeutici: la prospettiva relazionale.* Wichting Editore.

Clarkin, J. F., Yeomans, F. E. y Kernberg, O. F. (1999). *Psychotherapy for borderline personality.* John Wiley & Sons Inc.

Colligan, R. C., Morey, L. C. y Offord, K. P. (1994). The MMPI/MMPI-2 personality disorder scales: Contemporary norms for adults and adolescents. *Journal of Clinical Psychology, 50*(2), 168-200.

De Jongh, A., Groenland, G. N., Sanches, S., Bongaerts, H., Voorendonk, E. M., y Van Minnen, A. (2020). The impact of brief intensive trauma-focused treatment for PTSD on symptoms of borderline personality disorder. *European Journal of Psychotraumatology, 11*(1), 1721142. https://doi.org/10.1080/20008198.2020.1721142

Díaz-Marsá, M., Carrasco, J. L., de Anta, L., Molina, R., Sáiz, J., Cesar, J. y López-Ibor, J. J. (2011). Psychobiology of borderline personality traits related to subtypes of eating disorders: A study of platelet MAO activity. *Psychiatry Research, 190*(2-3), 287-290. https://doi.org/10.1016/j.psychres.2011.04.035

Díaz-Marsá, M., MacDowell, K. S., Guemes, I., Rubio, V., Carrasco, J. L. y Leza, J. C. (2012). Activation of the cholinergic anti-inflammatory system in peripheral blood mononuclear cells from patients with Borderline Personality Disorder. *Journal of Psychiatric Research, 46*(12), 1610-1617. https://doi.org/10.1016/j.jpsychires.2012.09.009

Esbec, E. y Echeburúa, E. (2014). La evaluación de los trastornos de la personalidad según el DSM-5: recursos y limitaciones. *Terapia psicológica, 32*(3), 255-264.

Fernández-Guerrero, M. J. (2017). Los confusos límites del trastorno límite. Revista de la Asociación. *Revista Española de Neuropsiquiatría, 37*(132), 399-413. https://dx.doi.org/10.4321/s0211-57352017000200005

First, M. B. (1997). *Structured clinical interview for DSM-IV axis I disorders.* Biometrics Research Department.

Frías, A. (2018). *Vivir con trastorno límite de la personalidad. Una guía clínica para pacientes* (2.ª ed.). Serendipity.

Frías, A. (2022). *Vivir con una persona con trastorno límite de la personalidad. Una guía clínica para familiares y allegados* (3.ª ed.). Serendipity.

Fuller-Tyszkiewicz, M. y Mussap, A. J. (2008). The relationship between dissociation and binge eating. *Journal of Trauma & Dissociation, 9*(4), 445-462.

Generalitat de Cantalunya (2011). *Guía de práctica clínica sobre trastorno límite de la personalidad.* Agència d'Informació, Avaluació i Qualitat en Salut.

González, A. (2010). *Trastornos disociativos.* Pleyades.

Gunderson, J. G. y Berkowitz, C. (2006). *Guía para las familias de grupo multifamiliar del Hospital McLean.* Asociación de Trastornos de Personalidad de Nueva Inglaterra.

Hensley, B. (2010). *Manual básico de EMDR: desensibilización y reprocesamiento mediante el movimiento de los ojos.* Desclée de Brouwer.

Herman, J. L. (1992). Complex PTSD: A syndrome in survivors of prolonged and repeated trauma. *Psychoanalytic Psychology, 4,* 1-4.

Icarán, E., Colom, R. y Orengo, F. (1996a). Experiencias disociativas: Una escala de medida. *Anuario de Psicología,70,* 69-84.

Icarán, E., Colom, R. y Orengo, F. (1996b). Estudio de validación de la escala de experiencias disociativas con muestra de población española. *Actas Luso-Espanolas de Neurología, Psiquiatría y Ciencias Afines, 24*(1), 7-10.

Johnson, J. G., Cohen, P., Kasen, S., Skodol, A. E. y Oldham, J. M. (2008). Cumulative prevalence of personality disorders between adolescence and adulthood. *Acta Psychiatrica Scandinavica, 118*(5), 410-413.

Kolthof, K., A., Voorendonk, E., M., Van Minnen, A. y De Jongh, A. (2022). Efectos del tratamiento intensivo centrado en el trauma de personas con trastorno por estrés postraumático y trastorno límite de la personalidad. *Revista Europea de Psicotraumatología, 13*(2).

Linehan, M. M. (1993a). *Skills training manual for treating borderline personality disorder.* Guilford Press.

Linehan, M. M. (1993b). *Cognitive behavioral treatment of borderline personality disorder.* Guilford.

Linehan, M. M. (2003). *Manual de tratamiento de los trastornos de personalidad límite.* Paidós.

Linehan, M. M., Armstrong, H. E., Suarez, A., Allmon, D. y Heard, H. L. (1991). Cognitive-behavioral treatment of chronically parasuicidal borderline patients. *Archives of General Psychiatry, 48,* 1060-1064.

Linehan, M. M., Comtois, K. A., Murray, A. M., Brown, M. Z., Gallop, R. J., Heard, H. L., Korslund, K. E., Tutek, D. A., Reynolds, S. K. y Lindenboim, N. (2006). Two-year randomized controlled trial and follow-up of dialectical behavior therapy vs therapy by experts for suicidal behaviors and borderline personality disorder. *Archives of General Psychiatry, 63*(7), 757-766. https://doi.org/10.1001/archpsyc.63.7.757

Loranger, A. W., Sartorius, N., Andreoli, A., Berger, P., Buchheim, P., Channabasavanna, S. M., Coid, B., Dahl, A., Diekstra, R. F. y Ferguson, B. (1994). The International Personality Disorder Examination. The World Health Organization/Alcohol, Drug Abuse, and Mental Health Administration international pilot study of personality disorders. *Archives of General Psychiatry, 51*(3), 215-224. https://doi.org/10.1001/archpsyc.1994.03950030051005

Millon, T., Davis, R. y Millon, C. (1994). *MCMI-III manual.* National Computer Systems.

Minuchin, S. (1974). *Families and family therapy.* Harvard University Press.

Mirapeix, C., Vázquez-Bourgon, J., Gómez del Barrio, A. y Artal, J. (2017). *Abordaje integrador del TLP.* CIBERSAM.

Mosquera, D. (2013). *Diamantes en bruto I. Un acercamiento al trastorno límite de la personalidad. Manual informativo para profesionales, pacientes y familiares.* Pleyades.

Mosquera, D. (2019). *Diamantes en bruto II: manual psicoeducativo y de tratamiento del trastorno límite de la personalidad. Programa estructurado para profesionales.* Pleyades.

Mosquera, D. y González, A. (2014). *Trastorno límite de la personalidad y EMDR.* Pleyades.

Mosquera, D., González, A. y Van der Hart, O. (2011). Borderline personality disorder, childhood trauma and structural dissociation of the personality. *Persona,* 44-73.

Nijenhuis, E. R., Spinhoven, P., Van Dyck, R., Van der Hart, O. y Vanderlinden, J. (1996). The development and psychometric characteristics of the Somatoform Dissociation Questionnaire (SDQ-20). *The Journal of nervous and mental disease, 184*(11), 688-694. https://doi.org/10.1097/00005053-199611000-00006

Nijenhuis, E. R., Spinhoven, P., Vanderlinden, J., Van Dyck, R. y Van der Hart, O. (1998). Somatoform dissociative symptoms as related to animal defensive reactions to predatory imminence and injury. *Journal of Abnormal Psychology, 107*(1), 63-73. https://doi.org/10.1037//0021-843x.107.1.63

Novo, P., Landin-Romero, R., Guardiola-Wanden-Berghe, R., Moreno-Alcázar, A., Valiente-Gómez, A., Lupo, W., García, F., Fernández, I., Pérez, V. y Amann, B. L. (2018). 25 años de Eye Movement Desensitization and Reprocessing: protocolo de aplicación, hipótesis de funcionamiento y revisión sistemática de su eficacia en el trastorno por estrés postraumático. *Revista de Psiquiatría y Salud Mental, 11*(2), 101-114.

OMS (Organización Mundial de la Salud) (2013). *Guidelines for the management of conditions specifically related to stress.* WHO.

OMS (Organización Mundial de la Salud) (2019). *Clasificación estadística internacional de enfermedades y problemas de salud relacionados* (11.ª ed.). https://icd.who.int/

Parker, J. D. y Naeem, A. (2019). Pharmacologic Treatment of Borderline Personality Disorder. *American Family Physician, 99*(5).

Perona-Garcelán, S., Rodenas-Perea, G., Velasco-Barbancho, E., Senín-Calderón, C., Rodríguez-Testal, J. F., Moreno-Buzón, R., Ruiz-Veguilla, M. y Crespo-Facorro, B. (2021). Spanish validation of the Detachment and Compartmentalization Inventory (DCI) in a community and clinical sample. A new instrument for measuring dissociation. *Spanish Journal of Psychiatry and Mental Health, 16*(2), 102-108. https://doi.org/10.1016/j.rpsm.2020.12.004

Puente, R. (2018). *Agitación en el paciente con trastorno de personalidad.* Psiformación y Alebat. https://salud-mental.alebateducation.com/cursos-salud-mental/diagnostico-y-tratamiento-de-la-agitacion-psicomotriz/?utm_source=FunPsiFor&utm_medium=website&utm_campaign=DoctorTIC

Quattrini, G., Pini, L., Pievani, M., Magni, L. R., Lanfredi, M., Ferrari, C., Boccardi, M., Bignotti, S., Magnaldi, S., Cobelli, M., Rillosi, L., Beneduce, R., Rossi, G., Frisoni, G. B. y Rossi, R. (2019). Abnormalities in functional connectivity in borderline personality disorder: Correlations with metacognition and emotion dysregulation. *Psychiatry Research: Neuroimaging, 283,* 118-124. https://doi.org/10.1016/j.pscychresns.2018.12.010

Royle, L. y Kerr, C. (2018). *La integración del EMDR en la práctica clínica.* Desclée de Brouwer.

Sabo, A. N. (1997). Etiological significance of associations between childhood trauma and borderline personality disorder: conceptual and clinical implications. *Journal of personality disorders, 11*(1), 50-70. https://doi.org/10.1521/pedi.1997.11.1.50

Sánchez Quintero, S. y Vega, I. D. L. (2013). Introducción al tratamiento basado en la mentalización para el trastorno límite de la personalidad. *Acción Psicológica, 10*(1), 21-32.

Shapiro, E. (2012). 4 elements exercises for stress reduction (earth-air-water-fire). Recuperado el 21 de febrero de 2019 de https://www.ptsd.conference.mun.ca/Presentations/WSI_4_Elements_Tool.pdf

Shapiro, F. (2001). *Eye movement desensitization and reprocessing: basic principles, protocols and procedures* (2.ª ed.). Guildford Press.

Shapiro, F. (2019). *EMDR Principios básicos, protocolos y procedimientos.* EMDR Biblioteca.

Shapiro, R. (2005). *Solutions: Pathways to healling.* Norton.

Soler, J., Domínguez-Clavé, E., García-Rizo, C., Vega, D., Elices, M., Martín-Blanco, A., Feliu-Soler, A., Carmona, C. y Pascual, J. C. (2016). Validation of the Spanish version of the McLean Screening Instrument for Borderline Personality Disorder. Validación de la versión española del McLean Screening Instrument for Borderline Personality Disorder. *Revista de Psiquiatria y Salud Mental, 9*(4), 195-202.

Van der Hart, O., Nijenhuis, E. R. S. y Steele, K. (2011). *El yo atormentado. La disociación estructural y el tratamiento de la traumatización crónica.* Desclée de Brouwer.

Vanderlinden, J., Van Dyck, R., Vandereycken, W., Vertommen, H. y Jan Verkes, R. (1993). The dissociation questionnaire (DIS-Q): Development and characteristics of a new self-report questionnaire. *Clinical Psychology and Psychotherapy, 1*(1), 21-27. https://doi.org/10.1002/cpp.5640010105

Vílchez, E. R. (2009). La terapia centrada en esquemas de Jeffrey Young. *Avances en psicología, 17*(1), 59-74.

Wilhelmus, B., Marissen, M. A. E., Van den Berg, D., Driessen, A., Deen, M. L., y Slotema, K. (2023). Adding EMDR for PTSD at the onset of treatment of borderline personality disorder: A pilot study. *Journal of Behavior Therapy and Experimental Psychiatry, 79,* 101834. https://doi.org/10.1016/j.jbtep.2023.101834

Williams, M. B. y Poijula, S. (2015). *Manual de tratamiento para el TEPT. Técnicas sencillas para superar los síntomas del Trastorno por Estrés Postraumático.* Desclée de Brouwer.

Young, J. E. (1990). *Cognitive therapy for personality disorders: A schema-focused approach.* Professional Resource Press.

Zanarini, M. C., Frankenburg, F. R., Sickel, A. E. y Yong, L. (1996). *The diagnostic interview for DSM-IV personality disorders (DIPD-IV).* McLean Hospital.

Zanarini, M. C., Frankenburg, F. R., Wedig, M. M. y Fitzmaurice, G. M. (2013). Cognitive experiences reported by borderline patients and Axis II comparison subjects: A 16-year prospective follow-up study. *The American Journal of Psychiatry, 170*(6), 671.

Zanarini, M. C.,Williams, A. A., Lewis, R. E., Reich, R. B., Vera, S. C., Marino, M. F. y otros (1997). Reported pathological childhood experience associated with the development of borderline personality disorder. *American Journal of Psychiatry, 154,* 1101-1106.

Zweig-Frank, H., Paris, J. y Guzder, J. (1994). Psychological risk factors for dissociation and self-mutilation in female patients with borderline personality disorder. *Canadian Journal of Psychiatry. Revue Canadienne de Psychiatrie, 39*(5), 259-264. https://doi.org/10.1177/070674379403900504

TÍTULOS PUBLICADOS

Tratando con... activación conductual. *J. Barraca Mairal.*

Tratando... depresión. *M.ª X. Froján Parga.*

Tratando... depresión infantil. *M.ª V. del Barrio.*

Tratando... el proceso de duelo y de morir. *L. Nomen Martín (coord.).*

Tratando... esquizofrenia. *M. García-Merita.*

Tratando... fobia a la oscuridad en la infancia y adolescencia. *Mireia Orgilés.*

Tratando... fobias específicas. *C. D. Sosa y J. I. Capafons.*

Tratando... inestabilidad emocional. *S. Santiago López.*

Tratando... obesidad. *J. I. Baile Ayensa y M.ª I. González Calderón.*

Tratando... pánico y agorafobia. *A. Bados.*

Tratando... problemas de pareja. *J. I. Capafons y C. D. Sosa.*

Tratando... Psicoterapia Analítica Funcional. *L. Valero y R. Ferro.*

Tratando... situaciones de emergencia. *Á. Sáinz Sordo y L. Nomen Martín (coords.).*

Tratando con... terapia de aceptación y compromiso. *M. Páez Blarrina y F. Montesinos Marín.*

Tratando... trastorno de ansiedad generalizada. *P. Romero Sanchíz y A. Gavino Lázaro.*

Tratando... trastorno de ansiedad social. *L. J. García López.*

Tratando... trastorno de la personalidad por dependencia. *M. Postigo.*

Tratando... trastorno distímico y otros trastornos depresivos crónicos. *A. Jorquera y J. Guarch (coords.).*

Tratando... trastorno límite de la personalidad, *M.ª F. Rabito Alcón y J. I. Baile Ayensa.*

Tratando... trastorno obsesivo-compulsivo. Técnicas, estrategias generales y habilidades terapéuticas. *A. Gavino.*

Tratando... trastorno por estrés postraumático. *J. I. Baile Ayensa y M.ª F. Rabito Alcón.*

Tratando... violencia de género desde las terapias contextuales. *R. Vaca Ferrer, R. Ferro García y L. Valero Aguayo.*

Si lo desea, en nuestra página web puede consultar el catálogo completo o descargarlo:

www.edicionespiramide.es